Bill Hybels • Rob Wilkins

Mut zur Demut

Der Königsweg zu wahrer Größe

Bill Hybels • Rob Wilkins

Mut zur Demut

Der Königsweg zu wahrer Größe

WILLOW CREEK
EDITION
Kirche für Distanzierte

Projektion J

Titel der Originalausgabe:
Descending into Greatness

1. Auflage 2003
Best.-Nr. 657 479

Die Bibelstellen wurden, wenn nicht anders angegeben,
der „Gute Nachricht Bibel“ entnommen.

ISBN 3-89490-479-8

Übersetzung: Eva-Maria Nietzke
Umschlaggestaltung: Michael Wenserit
Umschlagfoto: The Image Bank
Lektorat und Satz: Nicole Schol
Druck und Verarbeitung: Ebner & Spiegel, Ulm

Für Dr. Gilbert Bilezikian, dessen ganzes Leben bezeugt,
wovon in diesem Buch die Rede ist.

Danke, Gil …
Seit 30 Jahren lebst du mir diese Grundsätze vor und
dein Einfallsreichtum ist dabei immer noch nicht ausgeschöpft.

Inhalt

Teil V: Demut

Teil VI: Gehorsam

Teil VII: Freude

Teil VIII: Eine Entscheidung

Vorwort

Rob Wilkins ist ein außergewöhnlicher Schriftsteller. Darüber hinaus ist er auch eine außergewöhnliche Persönlichkeit – mit Feingefühl, Leidenschaft und einem scharfen Verstand. Obwohl wir beide hinsichtlich Temperament und Begabung auf so unterschiedlichen Wellenlängen liegen, wie man es sich für zwei Menschen nur vorstellen kann, hatte uns beide die Bedeutung des in diesem Buch behandelten Themas gepackt. Auch die Möglichkeit, zusammenzuarbeiten, begeisterte uns.

Die Kombination unserer Begabungen, die für das Schreiben des Buches notwendig war, stellte sich nicht ganz einfach dar. Ich bin Lehrer, Rob ist Journalist. Ich bin ein Pragmatiker, Rob dagegen Künstler. Ich gehe so direkt wie möglich auf mein Ziel zu, Rob zieht es vor, den Weg malerisch zu gestalten. Ich wollte eine prägnante Darstellung der biblischen Bedeutung des Begriffs „Demut" geben. Rob wollte die biblischen Lehren aus der Sicht des 20. Jahrhunderts präsentieren. Wir beschlossen, einfach beides zu tun – die Lehren zu vermitteln und sie anschließend mit zeitgenössischen Beispielen zu bereichern.

Rob übernahm haufenweise Nachrichten, Skizzen und aufgezeichnete Interviews von mir. Dann zog er sich lange damit zurück, um schließlich das auf der Bibel basierende Konzept der Demut und des Selbstverzichts in die Seiten dieses Buches einfließen zu lassen. Anschließend vertiefte er sich in das Leben einiger Menschen, die sich darum bemühen, das Konzept des Selbstverzichts in die Tat umzusetzen. Ich stehe tief in Robs Schuld und auch in der seiner Frau Melanie. Sie haben ungeheuer viel in dieses Buch investiert.

Einmal mehr möchte ich meiner Frau Lynne danken, die praktisch bei allem, was ich zu Papier bringe, eine tragende Rolle spielt. Sie war für die abschließende Überarbeitung des Buches verantwortlich.

Unsere Freunde vom Zondervan-Verlag geben uns nach wie vor das Gefühl, dass wir eine gemeinsame Aufgabe ausführen und nicht, dass wir in einer Geschäftsbeziehung stehen.

Mein Gebet und das Gebet jeder einzelnen Person, die zum Gelingen dieses Buches beigetragen hat, lautet: Möge jeder Leser den Mut zur Demut finden, der zur wahren Größe und Freude führt.

Dank

Als ich die endgültigen Fahnen dieses Buches durchlas, wurde ich erneut von der in der Bibel enthaltenen Herausforderung gefesselt, sich auf den Prozess einzulassen, bei dem es darum geht, sich selbst klein zu machen, loszulassen, zu verzichten. Seit ich im Alter von 16 Jahren Christ wurde, bekam ich zunehmend Respekt vor der Macht von Gottes Wort. Es ist ein zweischneidiges Schwert, das immer wieder die kranken Stellen meines Herzens wegschneidet und meine Seele mit Heilung durchdringt.

Doch beim Lesen der Letztfassung wurde ich auch von den Herausforderungen des wirklichen Lebens gefesselt, die im Leben der Menschen, von denen in diesem Buch berichtet wird, erkennbar sind. Ihre Geschichten warfen Fragen auf, deren Beantwortung mir schwer fiel. Zum Beispiel:

- Wenn ich mit den Wertekonflikten zu tun hätte, mit denen sich Lance Murdock jeden Tag konfrontiert sieht, wäre ich dann diszipliniert und aufrichtig genug, um an der Wahrheit festzuhalten?
- Wenn mein Engagement für Gott dazu führen würde, dass ich meine Familie auf fremde Kontinente und durch ungewohnte Kulturen schleppen müsste, wäre ich dazu bereit, wie Dr. Jim Judge es war?
- Wenn man mich fragen würde, ob ich jahrzehntelang in einem staubigen Land dienen möchte, dessen Einwohner vom Rest der Welt vergessen wurden, würde ich dann mit dem dienstbereiten Herzen antworten, das in Angie Garber schlägt?
- Wenn ich das Leben führen würde, das Mike Singletary lebt, würde man dann Grund haben, mich als einen demütigen Menschen zu bezeichnen?

- Wenn ich dazu berufen wäre, „bis zum Tod gehorsam zu sein“, würde ich dann ein Vermächtnis der Liebe hinterlassen, wie Lorrie Shaver es tat?
- Wenn ich mit dem durcheinander gewirbelten Leben von John und Gwenn Tindall fertig werden müsste, würde ich dann wie sie die Kraft finden, mich durch die Scherben des Lebens zur Freude durchzukämpfen?

Ich spreche all diesen Menschen meinen tief empfundenen Dank dafür aus, dass sie dem Abdruck ihrer Geschichten in diesem Buch zugestimmt haben. Und ich danke ihnen von ganzem Herzen dafür, dass das Beispiel ihres Lebens auch mich immer wieder neu herausfordert.

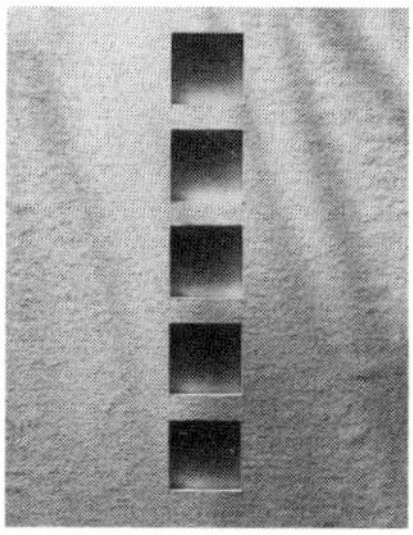

Teil I

Selbstverzicht

Kapitel 1

Der Weg, der zur Größe führt

„Habt im Umgang miteinander stets vor Augen, was für einen Maßstab Jesus Christus gesetzt hat.“ Philipper 2,5

Im Wortschatz unserer Gesellschaft ist der Begriff „abwärts“ bzw. „nach unten“ für Verlierer, Feiglinge und für das Fallen der Börsenkurse reserviert. Man vermeidet oder ignoriert ihn, ganz sicher wird er nicht ernsthaft diskutiert, besonders nicht in einer höflichen Gesellschaft. Er verleiht jeder Aussage einen negativen Anstrich. Mit anderen Worten: Dieser Begriff ist den Schwachen, Armen oder sogar Toten vorbehalten.

Als ob dies noch nicht genug wäre, lautet das glorreiche Gegenstück dieses Begriffes „aufwärts“. Und „aufwärts“ ist in unserer Hochleistungsgesellschaft ein Begriff, der ausgesprochen positiv belegt ist, wenn nicht sogar vergöttert wird. Dieser Begriff ist den Gewinnern, den Helden und solchen Menschen vorbehalten, die Erfolg haben und wissen, wo es lang geht. „Aufwärts“ ist ein bewunderter und angestrebter Begriff, der unausgesprochen bei jeder Party mitmischt und mit dem man sein Gegenüber beeindrucken kann: „Aufwärtstrend“ ist das magische Wort der wenigen Auserwählten und der Starken.

Obwohl die 1980er Jahre die Welt mit dem anhaltenden Nachgeschmack der Gier verseucht haben, hat dieser Begriff nach wie vor eine stark anziehende Wirkung. Er verströmt ein Empfinden von Kraft und Gesundheit, von Wohlbefinden, eben von … Hochgefühl. Man erhebt sich über den Ernst einer Situation, man hebt sich über die Masse, die Probleme oder was auch immer im Weg steht, hinweg. Man steigt zu Berühmtheit, Reichtum, Macht, Komfort und Genuss auf. „Aufwärts“ weist eindeutig in Richtung Größe, Bedeutung und Rang.

Aus der Sicht unserer Gesellschaft ist dies die einzige Richtung, der man folgen sollte. So wie eine Kompassnadel nach Norden zeigt, so zeigt die menschliche Nadel nach oben. In jedem menschlichen Herzen befindet sich ein eingebauter Mechanismus, der das Vorankommen und die Förderung des eigenen Ego anstrebt. Unsere Rollenmodelle und Vorbilder bestärken diesen Mechanismus: „Stähle deinen Willen! Setze alles daran, dich nicht unterkriegen zu lassen!" Ob es offensichtlich oder unter dem Mantel der Demut geschieht, immer heißt es: „Beweg dich nach oben!" Warum? Dies ist der Weg zu Größe und Bedeutsamkeit.

So spricht die Welt. Vor diesem Hintergrund ist das 2. Kapitel des Philipper-Briefes möglicherweise das Kapitel der Bibel, das sich am stärksten gegen die vorherrschende Kultur wendet. Das gilt besonders für tonangebende, junge Karrieremenschen. Die einfache Aussage dieses Kapitels lautet: „Wenn du wirklich groß sein willst, dann musst du dich selbst klein machen. Du musst Selbstverzicht praktizieren, um Größe zu erlangen." Im Kern dieser scheinbaren Widersinnigkeit befindet sich ein weiteres Paradoxon: Größe ist kein Maßstab für Eigenwillen, sondern vielmehr für Hingabe. Je mehr du verlierst, desto mehr gewinnst du.

Oberflächlich betrachtet kann man die Vorbehalte unserer Gesellschaft gegen diese Aussage verstehen. Es erscheint absurd, sich klein zu machen, um groß zu werden – ein klassisches Oxymoron! Tatsächlich macht der Text aus dem Philipper-Brief klar, dass Selbstverzicht alles beinhaltet, was in den Augen der Welt als negativ erscheint: Man wird zurückversetzt, verliert sich in der Anonymität, nimmt eine dienende Stellung ein, verliert an Bedeutung, verliert alles und stirbt. Selbst die beste Werbeagentur hätte ernsthafte Schwierigkeiten, hierfür einen werbewirksamen Slogan zu erfinden: „Verlieren Sie alles! Bedenken Sie, welche Möglichkeiten sich darin verbergen!"

Doch nicht nur unsere Gesellschaft sträubt sich gegen die Idee des Selbstverzichts. Wenn man die Geschichte betrachtet, gab es zu allen Zeiten nur wenige Christen, die dieses Konzept wirklich begriffen haben. Viele Christen unserer Zeit verwässern ihren Glauben, weil sie eine Liste von selbstsüchtigen Wünschen mit sich herumtragen, anstatt auf sie zu verzichten. Wie viele Christen kennen Sie, die sich in letzter Zeit selbst zurückgenommen oder Opfer gebracht haben, um die Sache Christi voranzubringen? Wir wollen die Frage noch spezifischer stellen: Wie steht es mit Ihnen? Sind Sie wirklich davon überzeugt, dass Sie Ihr Leben gewinnen, wenn Sie es verlieren?

Dieses Konzept ist in der Tat schwer umzusetzen. Doch Paulus macht im Brief an die Philipper deutlich, dass Selbstverzicht der einzige Weg ist, um in Gottes Augen groß zu werden. Dieser Prozess ist nicht etwa die beste von mehreren Alternativen, um Gott zu gefallen. Er ist der einzige Weg.

Erniedrigung mit überraschender Wendung

Der Gedanke, sich selbst klein zu machen, um groß zu werden, scheint auf den ersten Blick in sich unlogisch zu sein. Doch die Tiefe und Schönheit der darin verborgenen Weisheit werden erkennbar, wenn man das Ganze einer genaueren Prüfung unterzieht.

Der erste und wichtigste Grund, an die Kraft des Selbstverzichts zu glauben, ist das Beispiel Christi. In Philipper 2 wird uns berichtet, dass Jesus sich selbst erniedrigt hat, um seine Liebe zu offenbaren. Er stieg auf diese Erde herab, um sich mit unseren Belangen zu befassen. Es scheint unlogisch zu sein, dass Gottes Sohn diesen Weg der Erniedrigung wählte, um auf die Welt Einfluss zu nehmen. Doch selbst der hartgesottenste Ungläubige kann nur schwerlich den Einfluss Christi leugnen – welche andere Person ist wie er in den Lauf der Geschichte getreten und hat letztere in zwei Zeitphasen eingeteilt („vor Christus" und „nach Christus")? Aus Sicht der Welt gibt es eine Menge Dinge, über die man hinsichtlich der Person Jesu diskutieren und verschiedener Meinung sein kann: sein gesunder Menschenverstand, seine Ehrlichkeit, seine Motivation. Doch niemand kann bezweifeln, dass er eine bedeutsame Persönlichkeit war, die der Geschichte ihren Stempel aufgedrückt hat.

Der Weg Christi zu Größe und Bedeutsamkeit war kein typischer Weg. Die Bibel macht ganz klar, dass er in die Welt „herabgekommen" ist – er kam tatsächlich von ganz oben herunter. Philipper 2 drückt es mit den Worten aus: „Er war in allem Gott gleich." Er war der höchste Gegenstand der Verehrung in dem von ihm erschaffenen Universum. Wenn man sich diese hohe Stellung bewusst macht, so nehmen die

Menschwerdung Jesu und sein Herabkommen auf die Erde verblüffende Dimensionen an. Er verzichtete freiwillig auf seine göttlichen Privilegien. Der Eine, dem jede Anbetung gebührt, der Ursprung aller Macht, wurde als hilfloses Baby in einem schmutzigen Stall geboren.

Nachdem sein Leben auf dieser Erde begonnen hatte, befand sich Jesus in einem unaufhörlichen Prozess der Erniedrigung. Der Allmächtige weinte; der, dem alles gehört, hatte kein Zuhause. Der König der Könige wurde zum Sklaven; die Quelle der Wahrheit wurde der Gotteslästerung beschuldigt; der Schöpfer wurde von seinen Geschöpfen angespuckt; der Ursprung des Lebens wurde nackt an ein Kreuz genagelt – blutend und nach Luft ringend. Mit seinem Tod wurde seine Erniedrigung vollständig – vom Gipfel des Ruhmes im Universum zur schlimmsten Erniedrigung und Folter bis zum Tod am Kreuz, das unschuldige Opfer menschlicher Bosheit.

Mit seinem Leben und Sterben als Mensch handelte Jesus sämtlichen Grundsätzen des Systems dieser Welt zuwider. Der Höchste kam, um den Niedrigsten zu dienen. Der Schöpfer und Erhalter aller Dinge verzichtete auf alle seine Privilegien. Der, dem alles gehörte, wurde ein Nichts. Aus Sicht der Welt wurde das Kreuz zum Symbol der Unsinnigkeit. Doch in Gottes Augen wurde Christus zum Größten der Größten. Er hatte den Auftrag, für den Gott ihn gesandt hatte, vollkommen erfüllt. Er hatte seinen Vater verherrlicht und Gottes Königreich auf der Erde vorangebracht. Paulus erklärt uns weiter, dass Christus auf Grund seiner vollzogenen Erniedrigung von Gott „hoch erhöht" wurde und Gott ihm „den Ehrennamen verlieh, der ihn hoch über alle stellt". Das ist die überraschende Wendung. Jesus Christus erniedrigte sich und wurde von Gott erhöht.

Liebe zeigen

Von Jesus wurde unsagbar viel verlangt. Gott forderte ihn auf, alles aufzugeben und sich zu erniedrigen, um Demütigung, Schmerz und schließlich den Tod am Kreuz zu erleiden. Wenn wir unseren Gedanken freien Lauf lassen, könnten wir leicht auf die Idee kommen zu denken, Gott sei nicht gerade ein liebender Vater gewesen. Wie konnte ein Vater von seinem einzigen Sohn verlangen, Folter, Schläge und unermessliches Leiden zu ertragen? Wie kann sich Liebe auf so scheinbar brutale Weise äußern? Die Antwort kann nur lauten, dass Gott die Welt so sehr liebte. Jesus Christus litt für die Gerechtigkeit, *als* Gott und *für* Gott. Es war der größte Beweis für Gottes Liebe.

Hebräer 12, Vers 2 ist einer der verblüffendsten und herausforderndsten Verse der Bibel: „Dabei wollen wir Jesus nicht aus den Augen lassen. Er ist uns auf dem Weg des Glaubens vorausgegangen und bringt uns auch ans Ziel. Er hat das Kreuz auf sich genommen und sich nichts aus diesem schändlichen Tod gemacht, weil eine so große Freude auf ihn wartete. Jetzt hat er seinen Platz auf dem Thron an der rechten Seite Gottes eingenommen." Jesus ertrug alles für die Freude, Gottes Auftrag zu erfüllen, nämlich seine Liebe zu beweisen und die Strafe für Ihre und meine Schuld auf sich zu nehmen. Er kam, um für jeden Einzelnen von uns sein Blut zu vergießen.

Es gab noch einen anderen Beweggrund für die Erniedrigung, die Christus auf sich nahm: Er wollte den Gläubigen ein Vorbild dafür hinterlassen, wie man Gottes Liebe unter Beweis stellt. Der Text im Philipper-Brief, der den Prozess der Erniedrigung Christi beschreibt, beginnt mit den Worten: „Habt im Umgang miteinander stets vor Augen, was für einen Maßstab Jesus Christus gesetzt hat" (Philipper 2,5). Mit anderen Worten: „Lest sorgfältig, was nun folgt; denn es gilt auch für euch." Jesus hat sich für andere erniedrigt und geopfert, und genau so sollen wir handeln – auch wenn dies Leiden mit sich bringt und möglicherweise sogar den Tod.

Es ist nicht etwa so, als hätte Gott ein Problem damit, seine Kinder in hohen Positionen oder anerkannten Stellungen zu sehen. Tatsächlich sehnt er sich danach, sie zu „befördern". Was Gott jedoch mit Besorgnis erfüllt, ist der Weg nach oben, wie er in unserer Gesellschaft gelebt wird: das Voranbringen des eigenen Ego, die Förderung der eigenen Sache, das Durchsetzen unserer Pläne zu Lasten der anderen. Das angestrebte Ziel dieser Form der Aufwärtsbewegung besteht darin, mit genügend Geld, Macht und materiellem Besitz an die Spitze zu gelangen, um den höchsten persönlichen Genuss zu erzielen. Aus diesem Grunde lehnt Gott den in dieser Welt üblichen Weg, zu Größe und Bedeutung zu gelangen, ab. Er weiß, dass dieses Verwöhnen des eigenen Ego unausweichlich zur Selbstzerstörung führt. Es sieht so aus, als habe man den Gipfel erklommen und im tiefsten Sinne Selbstverwirklichung erreicht, doch dann stellt sich heraus, dass man sich das eigene Grab geschaufelt hat. In Gottes Wortschatz führt „hoch" stets nach unten.

Und umgekehrt gilt: „Niedrig" führt nach oben. In Jakobus 4, Vers 10 heißt es: „Beugt euch tief vor dem Herrn, dann wird er euch groß machen." Jesus Christus nahm den Weg nach unten und setzte sich herab, um die Liebe Gottes perfekt anschaulich zu machen. Er machte sich zu „nichts", um die Absichten seines Vaters zu erfüllen. Dafür hat Gott ihn hoch erhoben.

Hinabsteigen zur Größe

„Abwärts" ist ein Wort für Verlierer. Das macht Philipper 2 ganz deutlich. Gott fordert Christen dazu auf, die geistliche Übung des Verlierens, des Loslassens zu praktizieren. „Wenn du mir folgen willst", sagt Gott, „dann folge dem Beispiel meines Sohnes, der nicht nur ein wenig und auch nicht viel, sondern tatsächlich alles verloren hat."

Dieser Aufruf bedeutet jedoch nicht, dass wir ausgebrannte und leere Menschen werden müssen, die weder über Persönlichkeit noch über Energie verfügen. Gottes Aufforderung zum Loslassen um seinetwillen meint keineswegs, dass wir die legitimen Bedürfnisse unseres Menschseins oder die Wünsche und Leidenschaften, die er in uns hineingelegt hat, verleugnen sollen. Jesus sorgte für seine physischen und emotionalen Bedürfnisse, und er rief seine Nachfolger dazu auf, ihre Einzigartigkeit zu begreifen und die Träume, die Gott ihnen gegeben hatte, zu verwirklichen. Loslassen bedeutet vielmehr, dass wir Gott bestimmen lassen, welche Bedürfnisse legitim sind. Loslassen bedeutet, dass wir unsere Wünsche und Leidenschaften seiner Führung unterstellen: Es bedeutet auch, dass wir ihn die rauen Kanten unserer Persönlichkeit abschleifen lassen, dass wir unsere Gaben einsetzen, ohne dafür Beifall und Anerkennung zu suchen, und Gott so in uns wirken lassen, dass er unsere Träume mit seinem Willen in Übereinstimmung bringen kann.

Ein solches Loslassen ist nicht einfach. Es setzt voraus, dass wir Jesus Christus absolut in den Mittelpunkt rücken, eine unerschütterliche Begeisterung und Liebe für Gott und das Vorankommen seines Reiches hegen und geistliche Übungen praktizieren, um diesem Lebensstil näher zu kommen. Zögern und Halbherzigkeit sind nicht gefragt.

Gott fordert uns auf zu verlieren, um zu gewinnen. Seine Aufforderung ist hart, aber sie ist mit einem Versprechen verbunden: „Gib deine selbstsüchtigen Ambitionen auf; ich werde dich dafür ehren, dass du andere liebst. Gib deine Abhängigkeit von materiellen Dingen auf; ich werde für dich sorgen, wenn du mich von ganzem Herzen suchst. Gib den Zwang auf, alles unter Kontrolle haben zu müssen; ich werde dich mit Kraft beschenken, wenn du mir nachfolgst. Gib dein Verlangen nach dem nächsten Kick auf; ich werde dich mit Genüssen überraschen, die du allein niemals gefunden hättest. Lass dein Leben los; ich werde dir die Ewigkeit dafür geben."

Es ist offenbar ein brutaler Weg, den die Liebe häufig nimmt: ein Leben des Verlustes, der Selbsthingabe, selbst des Sterbens. Doch die Bibel besteht hartnäckig auf dem Grundsatz: Dieser Weg führt zugleich zur Freude.

Wenn Sie so sind wie ich, dann wird dieses Buch für Sie wohl kaum zu der leichtesten oder angenehmsten Lektüre in Ihrem Bücherregal zählen. Ich kann mich an kein Bibelstudium erinnern, das mich mehr gestört oder aufgerüttelt hätte. Die Freude stellt sich ein – das stimmt –, aber häufig erst nach einigen Schmerzen. Philipper 2 hat eine unangenehme Schlagkraft.

Doch diejenigen von uns, die Jesus Christus wirklich mit Hingabe nachfolgen wollen, müssen die Lektionen aus Philipper 2 lernen. Nur wenige andere Stellen in der Bibel vermitteln uns deutlicher, wer Jesus ist und wie auch wir folglich sein sollten. Wenn wir die Herausforderung, die in diesem Text enthalten ist, annehmen, können wir die tägliche Übung des Selbstverzichts lernen, um von Gott erhöht zu werden – und das ist die höchste Berufung unseres Lebens.

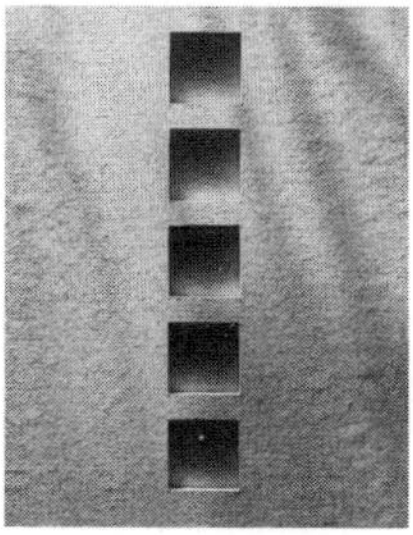

Teil II

Machtverzicht

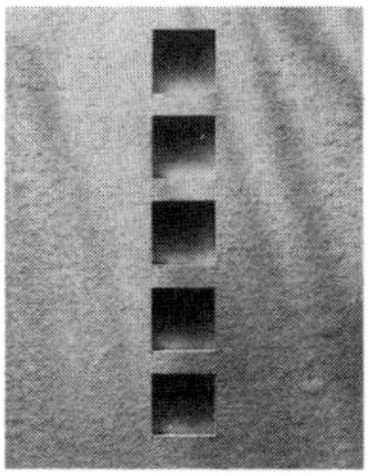

Kapitel 2

Die zwei Könige

„Er war in allem Gott gleich, und doch hielt er nicht daran fest, zu sein wie Gott.“ Philipper 2,6

Macht.

Wenn man diesen Begriff für sich allein nimmt, enthält er eine gewisse Zweischneidigkeit. Wir wissen nicht so recht, wie wir darauf reagieren sollen – mit Begehren oder Zurückschrecken.

Aber wir wissen, was das Wort bedeutet, und wir begreifen, dass es zwei Facetten hat: Man kann von der positiven Energie der Macht angetrieben oder aber von ihrer blinden Kraft zerstört werden. Macht kann man als die Fähigkeit definieren, Ressourcen so zu kontrollieren, dass das eigene Schicksal gesichert ist. Könige und Sklaven, Kriege und Verträge, Kolonien und Nationen, Staatsstreiche und Wahlen haben alle einen gemeinsamen Nenner: Macht. Über Jahrhunderte hinweg, seit dem Sündenfall, war die Macht der mit Abstand größte Antriebsmotor der Geschichte. Adler beschrieb Macht als die größte menschliche Obsession. Kissinger bezeichnete Macht als Aphrodisiakum. Der Apostel Paulus brachte den Begriff Macht in den meisten Fällen mit etwas in Verbindung, das er „Sünde“ nannte.

Über Macht wurde schon viel geschrieben. Die Botschaft der Macht finden wir überall – in Geschichtsbüchern, psychologischen Abhandlungen, religiösen Bekenntnissen, Graffiti, Physikhandbüchern, Trauscheinen und in der *New York Times*. Doch unter den endlos vielen Texten, in denen von Macht die Rede ist, gibt es wohl keinen, der auffälliger, aufrüttelnder und verwirrender wäre als das 2. Kapitel des Matthäus-Evangeliums.

Dabei geht es im Wesentlichen um zwei Könige.

Der eine trägt den Namen Herodes. Der andere ist Jesus Christus. Niemals in der gesamten Geschichte der Menschheit gab es zwei Menschen, die so grundverschieden waren. Das Einzige, was sie gemeinsam hatten, war der rechtmäßige Anspruch auf die Königsherrschaft. Der Gegensatz zwischen ihnen wird jedoch ganz deutlich, wenn man sich ansieht, wie die beiden mit ihrer Macht umgingen.

Der Zwang, „oben" zu sein

Die Geschichte begann mit etwas völlig Absurdem: Herodes der Große, König von Juda, der nicht gerade für seine Demut bekannt war, machte sich Sorgen: Ihm war das Gerücht zu Ohren gekommen, ein Baby sei geboren worden, von dem manche behaupteten, es sei der künftige König der Juden. Wenn es etwas gab, das Herodes hasste, dann waren es Rivalen – auch wenn es sich bei diesem Rivalen um ein hilfloses Neugeborenes in einem Stall handelte. Er würde alles in seiner Macht Stehende tun, um einen Rivalen auszuschalten und dem Verlust seiner Macht entgegenzuwirken. Zunächst wandte Herodes die beliebte Technik der List an, um den Aufenthaltsort des prophezeiten Königs in Erfahrung zu bringen. Als ihm dies nicht gelang, ordnete er die Hinrichtung aller männlichen Kleinkinder unter zwei Jahren in Bethlehem und Umgebung an. Durch diesen Befehl des Herodes wurden viele unschuldige Kinder getötet.

Diese Tat war abscheulich, kam aber nicht überraschend. Herodes führte ein Regime der Gewalt: Er war mehr als nur verrückt – er war der Macht verfallen und die Macht hatte ihn wahnsinnig gemacht. Wenn man den Staub von den Geschichtsbüchern pustet und die Geheimnisse der politischen Situation im damaligen Palästina enträtselt, so erscheint Herodes nach seinem Tod größer, als er zu Lebzeiten war.

Er wurde 73 v. Chr. in eine politisch einflussreiche Familie hineingeboren. Er war dazu bestimmt, energisch durchzugreifen und ein Leben voller Machtkämpfe zu führen. Die Gespräche an seinem Esstisch drehten sich vor allem darum, wie er politische Gegner untergraben und sich gegen Verrat und Mordanschläge zur Wehr setzen konnte. Es ging einzig und allein um seine Macht. Oberflächlich gesehen schien

Herodes dafür wie geschaffen: Er war groß gewachsen, imposant und verfügte über viel Ehrgeiz und ein grausames Wesen.

Für Herodes war Macht ein Antriebsfaktor – und zwar stets nach oben. Diese vier Buchstaben könnten tatsächlich als Schlagwort auf einem Banner oder als Grabinschrift dienen, um auszudrücken, wer (oder wo) Herodes war. Selten wurde in der Geschichte so deutlich über das Leben eines Mannes berichtet, der davon besessen war, sich nach oben zu bewegen.

Was alles noch schlimmer machte, war der Rachedurst, der mit seiner Machtbesessenheit einherging. Sein Vater, der ebenfalls König gewesen war, wurde von einem politischen Gegner vergiftet. Als Herodes aus nächster Nähe mitbekam, wie verwundbar politische Machthaber sein konnten, bekam er vermutlich einen psychischen Knacks. Diese Erfahrung war ein Wendepunkt in seinem Leben. Schäumend vor Rachedurst ersann Herodes einen raffinierten Plan: Er lud die Mörder seines Vaters zu einem Abendessen ein und ließ sie bei dieser Gelegenheit umbringen. Nach Aussage der Berichte in den Geschichtsbüchern schlief Herodes in jener Nacht besonders tief. Er neigte nicht gerade zu Gewissensbissen.

Von diesem Zeitpunkt an beschloss Herodes, sich niemals der Möglichkeit auszusetzen, Opfer eines Giftes zu werden, das jemand heimlich seiner Suppe beimischen würde. Sein Leben drehte sich darum, sämtliche Machtbereiche abzudecken, und zu diesem Zweck scheute er auch nicht vor brutaler Gewalt zurück. Regelmäßig gab er Befehle, die zu Inhaftierungen, Schlägen, Erpressung, Entführungen, Folter und Hinrichtungen führten. Tatsächlich nahm die von ihm ausgeübte Gewalt in dem Maße zu, in dem auch seine Macht größer wurde.

Doch brutale Gewalt war nur eine seiner Taktiken; er verfügte über ein großes Repertoire an Strategien. Wenn ein eher diplomatisches Vorgehen erforderlich war, war er berechnend genug, um ein freundliches Gesicht aufzusetzen. Er kannte und praktizierte die Kunst des sanften Kampfes und wendete die Geheimnisse des Schmeichelns an. So stellte er zum Beispiel während einer Hungersnot ein System der Nahrungsmittel- und Kleiderverteilung auf die Beine; er erlaubte und finanzierte Bauvorhaben, um bestimmte Interessengruppen hinter sich zu bringen (dazu gehörte der Umbau des jüdischen Tempels in der Jerusalemer Innenstadt). In Wirklichkeit interessierte sich Herodes jedoch wenig oder gar nicht für die Armen oder für bestimmte Interessengruppen. Er war aber clever genug, um zu wissen, dass man sich Loyalität erkaufen kann. Wenn er anderen diente, dann diente er damit letztlich sich selbst.

Ihm ging es in erster Linie darum, Eindruck zu machen. Er arrangierte Beziehungen, die Kanäle für seine Macht werden sollten. Herodes ließ eine Stadt und einen dem damaligen Stand der Technik entsprechenden Hafen entlang der Mittelmeerküste bauen. Diese Vorhaben zählten wohl zu den erfolgreichsten Schritten seines Aufstiegs. Der Handel in seinem Reich wurde dadurch gefördert und die Stadt wurde nach ihm benannt: Caesarea. Herodes wusste: Machterhalt bedeutet, sich in der Nähe der Machtquellen aufzuhalten. Mehrere der zehn Eheschließungen von Herodes waren politisch motiviert. Es gab nur wenig, was er nicht getan hätte, um seine Macht zu vergrößern.

Das Einzige, was ihn noch stärker beherrschte als seine Sucht nach Macht, war die Furcht vor dem Abstieg. Für Herodes war der Begriff „abwärts“ tatsächlich das Allerletzte. Ungeachtet seiner enormen Ressourcen litt Herodes unter einer Krankheit, die vielen machtbesessenen Menschen gemeinsam ist: Er wurde von Unsicherheit und Angst geplagt. Paranoia praktizierte er mit Kunstfertigkeit und seelische Störungen waren eine vertraute Angelegenheit. Er investierte unglaublich viel Energie darin, sich vor dem Sturz zu schützen. Mit Hilfe seines hoch entwickelten Spionagenetzes entging ihm so gut wie nichts, und er zögerte niemals, auf etwaige Bedrohungen mit Gewalt zu reagieren. Als er sein Regierungsamt in der Region antrat, sorgte eine Gruppe von Störenfrieden in der Bergregion von Galiläa für Unruhe. Ohne mit der Wimper zu zucken, ließ Herodes den Anführer der berüchtigtsten Räuberbande fangen und auf dem öffentlichen Platz der Stadt zu Tode foltern. Dieses Vorgehen war „erfolgreich“. Während der Regierungszeit des Herodes wurden die Rebellen nie wieder gesehen.

Um seine Verteidigung auszubauen, beauftragte Herodes Zehntausende von Sklaven mit dem Bau von rund einem Dutzend Notfallfestungen, die schwer bewaffnet und gut ausgerüstet wurden, um einen möglichen Putschversuch abzuwehren. Diese „Zufluchtsorte“ waren teilweise ganze Berge, die zu palastähnlichen Festungen umgebaut worden und mit Schwimmbädern, Aquädukten, Gästequartieren, Speise-Sälen und Freizeiteinrichtungen ausgestattet waren. Außerdem ließ Herodes jeden umbringen, der in irgendeiner Weise sein Amt bedrohte – dazu gehörten auch zwei seiner Ehefrauen und drei seiner Söhne. Noch vom Sterbebett aus ordnete er die Hinrichtung eines seiner Söhne an.

Letztendlich führte Herodes ein Leben, das einer einfachen Philosophie in ihrer ganzen logischen Konsequenz folgte: ich zuerst. Zum größten Teil war er damit sehr erfolgreich. Herodes regierte mehr als 30 Jahre.

Bis Jesus kam.

Ein plötzlicher Aufprall

Wenn man sagt, dass die Wege von Herodes und Jesus, den beiden Königen aus Matthäus 2, aufeinander geprallt sind, dann hat man die Kraft des Textes begriffen. Ein grundlegendes physikalisches Gesetz besagt, dass die Wucht des Aufpralls von der Geschwindigkeit und der Richtung abhängt. Jesus und Herodes bewegten sich beide sehr schnell, doch in völlig entgegengesetzte Richtungen. König Herodes repräsentierte die schlichte Machtperspektive der Welt: „Erlange die Macht, halte sie fest, gebrauche sie." Jesus Christus, der Gott gleich war, zeigte einen neuen, umgekehrten Umgang mit Macht: „Gebrauche die Macht für andere." Für alle, die seine verbale Botschaft nicht begriffen, stellte er es anschaulich dar: Der allmächtige Sohn Gottes ließ sich ans Kreuz nageln. Darin lag nach seinen Worten die wahre Macht, die Ewigkeitswert hat.

Es ist nicht überraschend, dass die beiden Könige aufeinander prallten. Beide verfügten über enorm viel Macht, doch die von ihnen gewählte Art des Umgangs mit dieser Macht enthüllt die Herzen zweier radikal unterschiedlicher Männer. Der eine war versessen auf den Aufstieg, der andere unterwarf sich voller Hingabe. Der eine war ein Tyrann, der andere ein Diener. Der eine ließ sich von eigenen Interessen verzehren, der andere stellte Gott und jede andere Person außer ihm selbst in den Mittelpunkt seines Lebens. Der eine praktizierte Manipulation, Verleumdung, Täuschung und Zwang. Der andere heilte, berührte, lehrte und liebte. Nur eines hatten Herodes und Jesus in Bezug auf den Umgang mit Macht gemeinsam: Beide glaubten, dass es nichts gab, was nicht mit Blutvergießen wiederhergestellt werden konnte.

Als Herodes von der Geburt Jesu erfuhr, befahl er seinen Tod. Er bot alle Mittel auf, um dieses Ziel zu erreichen. Zunächst sah es so aus, als ob es keinerlei Widerstand gäbe. Niemand widersetzte sich dem König. Oder besser gesagt: Niemand widersetzte sich, um nicht sein Leben zu riskieren. Selten in der Geschichte war ein Kampf zwischen zwei Königen so schmählich. Herodes der Einschüchternde, mit Macht, Mitteln und Waffen – und auf der anderen Seite Jesus, der an der Brust seiner Mutter gestillt wurde.

Der Befehl zum Morden kam so kalt und unerbittlich aus Herodes' Mund wie die Schwerter, die bald zuschlagen sollten. Wenn wir von dem Massaker in Matthäus 2 lesen, dann fällt es uns nicht schwer, den wahren Schrecken der darin beschriebenen Realität auszuklammern. Aber stellen Sie sich einmal ganz praktisch vor, was damals ablief: Soldaten auf dem Rücken von Pferden stürmen durch die Haustüren in Bethlehem und durchbohren mit ihren Speeren die kleinen männlichen Babys – vor den Augen der Mütter und Väter. Können Sie sich das Entsetzen, die Wut und die Hilflosigkeit vorstellen, die das Land überschwemmten?

Wer? Ich?

Herodes der Große repräsentiert vermutlich die größte Widersprüchlichkeit der Geschichte. Nach weltlichen Maßstäben war er reich, als Mensch dagegen vollkommen bankrott. Er war dem größten Rausch der Welt – der Macht – verfallen. Er glaubte, solange er die Macht festhielte, sei er unbesiegbar. Er hielt sich selbst für Gott ebenbürtig, unberührbar und ewig. Es konnte ihm nichts Schlimmes passieren, das nicht durch ein kleines Täuschungsmanöver oder eine tödliche List hätte geregelt werden können.

Ich kann Sie regelrecht sagen hören: „Gott sei Dank sind wir nicht wie Herodes." Ein Milderungsgrund für sein Verhalten ist sicherlich der Wahnsinn. Er konnte nicht normal denken so wie Sie und ich. Wir nutzen die wenige Macht, über die wir verfügen, meist zum Guten. Wir versuchen, unsere Hand nicht gegen ein Kind zu erheben, wenn wir ärgerlich sind; wir bezahlen unsere Steuern und geben hier und dort ein wenig Geld für wohltätige Zwecke; wir gehen zur Kirche und ab und zu spielen wir mit einem älteren Menschen Karten. Wir sind gute Menschen. Wir sind nicht wie Herodes oder Hitler oder irgendein anderer Wahnsinniger, der uns noch in den Sinn kommen könnte.

Unsere größte Macht liegt letztendlich darin, dass wir über ausreichende Fähigkeiten zum Selbstbetrug verfügen, um unseren eigenen Lügen zu glauben. Wenn wir jedoch ehrlich sind und schonungslos unser Inneres betrachten, werden wir entdecken, dass in jedem von uns ein kleiner Herodes steckt.

Wenn sich eine entsprechende Situation ergibt, ist niemand von uns dagegen immun, ein wenig von den Mitteln anzuwenden, die auch Herodes einsetzte. Nur allzu oft nutzen wir unsere Mittel, Talente und unseren Charme, um das zu bekommen, was wir möchten. Dabei verbergen wir unsere Motivation hinter unterschwelliger oder vorgetäuschter Unwissenheit. Wir kennen dieses Phänomen unter verschiedenen Namen – Büropolitik, Grundstücksstreitigkeiten, eheliche oder elterliche Rechte. Es läuft alles auf dasselbe hinaus: einen Missbrauch von Macht. Wer von uns hat noch nie von einer kleinen Manipulation im Umgang mit dem Ehepartner Gebrauch gemacht? Wer von uns hat noch nie einen Mitarbeiter, der mit uns um eine Beförderung konkurrierte, schlecht behandelt oder selbst erfundene Behauptungen über ihn in Umlauf gebracht? Wer von uns hat noch nie mit Ungeduld reagiert, wenn jemand, der in der „Hackordnung“ unter uns steht, uns um einen Gefallen bat? Oder wer von uns hat noch nie mit einem gedankenlosen „Weil ich das sage“ auf eine Frage seiner Kinder reagiert?

Steckt nicht in jedem von uns ein wenig von Herodes? Tendieren wir nicht alle manchmal dazu, unser Wertesystem gegen etwas zu tauschen, das uns selbst ein bisschen besser dastehen lässt? Sind wir nicht alle ängstlich oder ärgerlich, wenn wir mit dem Begriff „abwärts“ konfrontiert werden? Wir tragen alle hin und wieder die Maske eines Herodes – vielleicht sorgfältig geschminkt, aber doch trotzdem von dieser brutalen Fratze entstellt. Wir ähneln ihm darin, dass wir lieber herrschen als dienen, lieber Macht ausüben als uns einer Autorität unterstellen, lieber geehrt werden als uns darum bemühen, andere zu ehren.

Aus der Sicht unserer Gesellschaft ist ein solches Verhalten – das die Bibel „Sünde“ nennt – absolut sinnvoll. Unsere Kultur lehrt uns, dass wir nicht zu hart zu uns selbst sein sollen. Wir müssen uns um uns selbst kümmern. Wenn wir das nicht tun, wer dann?

Im Dschungel dieser Welt geht es ums Überleben. Um nicht bei lebendigem Leib verschlungen zu werden, müssen wir alle hin und wieder die Zähne fletschen.

Oder etwa nicht?

Die kritische Entscheidung

Seien wir ehrlich: Ergibt die Haltung unserer Gesellschaft nicht mehr Sinn? Ist das Vorbild eines Herodes nicht etwas, dem man logischerweise folgen sollte? Wenn wir genug Macht erlangen, müssen wir uns nur noch auf uns selbst verlassen. Vertrauen hängt schließlich von der Größe unseres Bizeps oder der B2-Bomber ab oder was wir sonst zum Kräftemessen verwenden. Wir können unser Vertrauen in einen absehbaren Plan setzen und alles kontrollieren.

Der Weg, den Jesus verfolgte, erscheint im Vergleich dazu beinahe absurd. Wenn wir anderen Macht einräumen, können wir uns nicht länger auf uns selbst verlassen. Vertrauen wird mit einem Mal zu einer Angelegenheit auf dem Niveau unseres Gottes. Wir müssen unser Vertrauen in eine unsichtbare Hand legen und jegliche Kontrolle abgeben.

Oberflächlich betrachtet scheint es eine einfache Entscheidung zu sein. Herodes war zwar wahnsinnig, aber er war immerhin praktisch veranlagt. Jesus schien weniger pragmatisch zu sein. Können wir tatsächlich den Fußstapfen eines Mannes folgen, der im Alter von 33 Jahren am Kreuz starb?

Aber es geht um mehr als das, was offensichtlich scheint. Die Bibel macht deutlich, dass die Weisheit durch ihre Ergebnisse gerechtfertigt wird. Um die gegensätzlichen Wege von Herodes und Jesus zu verstehen, müssen wir ihr jeweiliges Ende betrachten. Herodes mit all seinem Reichtum und seinem hohen Rang endete im Ruin. In seinem letzten Lebensjahr wurde sein Körper von einer schlimmen Krankheit zerstört; er litt so große Schmerzen, dass man manchmal mitten in der Nacht seine Schreie im Palast hören konnte. Aber er litt nicht nur unter körperlichen Schmerzen. Er grübelte darüber nach, dass nur wenige seinen Tod bedauern würden. Er wünschte sich, dass viele Menschen über sein Ableben trauern würden. Also ersann er einen verzweifelten letzten Plan. Er würde alle führenden Männer des Landes zu einem Treffen nach Jericho bestellen, und sobald alle eingetroffen wären, sollten die Tore verschlossen und unmittelbar vor seinem Tod alle Menschen ermordet werden. Auf die eine oder andere Weise würden in seiner Todesstunde die Tränen des Volkes fließen. Doch aus politischen Gründen schlug sein Plan fehl und die Führer wurden befreit. Herodes starb allein. Die Geschichtsschreibung verachtet ihn.

Jesus endete nach einem Leben in Armut und einer niederen Stellung sogar noch tiefer – als verurteilter Verbrecher auf einem grob behauenen Holzkreuz. Auch seine Schreie drangen durch die Nacht. Er gab seine Macht vollkommen auf und starb. Aber es gibt einen entscheidenden Unterschied zwischen dem Tod des Herodes und dem Tod Jesu: Mit all seiner Macht konnte Herodes sich weder vor dem Tod noch vor der Einsamkeit retten. Jesus hätte es tun können, aber er verzichtete freiwillig darauf.

Während seines Lebens nahm Jesus freiwillig Leiden auf sich: die Missachtung der Pharisäer, das Unwissen und die Hartherzigkeit seiner eigenen Jünger, die Ablehnung durch das Volk, die Armut seiner Familie, die ständige Bedrohung seines Lebens, den Verrat durch Freunde, die Schläge – alles zu dem einen Zweck, Gottes unermessliche Liebe zu den Menschen zu bringen. Während Herodes die Macht des Hasses und des Selbstschutzes ausübte, Armeen zusammenstellte, Festungen baute und willkürlich mordete, übte Jesus die Macht der befreienden Liebe aus. Er heilte die Kranken und Blinden, tröstete die Verzweifelten und befreite die durch Sünde und Tod versklavten Menschen.

Durch den Verzicht auf seine Macht bewies Jesus sein Vertrauen in Gottes Plan. Gott hatte gesagt, dass der niedere Weg zu Erfüllung und Leben führen würde, und Jesus glaubte ihm. Dieses Vertrauen machte es ihm möglich, das Kreuz zu ertragen, „weil eine so große Freude auf ihn wartete“. Während Herodes vergeblich versuchte, der Einsamkeit des Todes, den er verdiente, zu entgehen, akzeptierte Jesus die Agonie eines Todes, den er nicht verdiente. Während der Leichnam Herodes’ in einem Granitgrab verweste, wurde Jesus mit großer Macht, Herrlichkeit und Freude auferweckt. Er wurde der berühmteste Mann der Geschichte.

Zwei Könige mit gegensätzlichen Botschaften. Herodes: „Verfolge deine Wünsche, geh Schwierigkeiten aus dem Weg, nimm.“ Jesus Christus: „Diene anderen, nimm jeden Tag dein Kreuz auf dich, gib.“ Wie sich herausstellte, kannte nur einer der beiden Könige den Weg zu wahrer, bleibender Freude.

Kapitel 3

Lance Murdock – Die Handelskammer und das Königreich Gottes

„Ich muss mir immer wieder klarmachen: Wie hart ich auch arbeite und was auch immer ich erreiche, ob es Flugzeuge, Ferienwohnungen, Autos oder Anerkennung sind – wenn ich sterbe, ist das alles vorbei. Ich könnte so viel mehr für Gottes Reich tun."

Lance Murdock weiß, dass das Chaos vor der Tür steht. Nach dem Frühstück – vier Eiern mit Pilzen, zwei Portionen Magermilch und Hafergrütze – hat er Marie, der Kellnerin, einen Wink gegeben und ihr zugelächelt, und jetzt spürt er das vertraute Kribbeln in der Magengegend. Er nennt es sein Lampenfieber, das er selbst nach 15 Jahren jedes Mal noch fühlt. Wie eine Maus im Schlangenkäfig weiß er instinktiv, dass er länger als die meisten überlebt hat. Er ist 42 Jahre alt und sein Haar ist mit Grau durchzogen.

Murdock hat keinen einfachen Job. Es ist fast 7 Uhr morgens und er sitzt im vierten Stock eines Gebäudes an der Ecke Lasalle und Jackson in Chicago. Wie gewohnt ist Murdock bereits seit 3 Uhr 30 auf den Beinen. Heute werden offizielle Regierungsstatistiken veröffentlicht, und so ist damit zu rechnen, dass es in der Handelskammer von Chicago ein sehr geschäftiger Tag werden wird. Die Tiere mit den guten oder weniger guten Absichten werden da sein und die Witterung des Geldes aufnehmen, lauernd wie ein zum Angriff bereites Raubtier, mit Turnschuhen an den Füßen.

Diese Börsenmakler, die ihr Leben mit Brüllen verdienen und in ihrem Geschäft keine Gnade kennen, sind seine Freunde. Fast alle kennen Lance. Er ist so eine Art Legende in der 10-jährigen Geschichte des *Treasury Note Pit,* ein Mann, der – wie in der *Chicago Tribune* zu lesen war – „als ein Gentleman unter den Börsenmaklern gilt … Der

Inbegriff dessen, was ein Börsenmakler sein sollte". Er lächelt und begrüßt fast jeden. Wenn er die Treppe zur Börse hinuntergeht, kommt er an einem Foto vorbei, das vor einigen Jahren aufgenommen wurde und die Tätigkeit auf dem Börsenparkett zeigt. Schaut man genau hin, kann man Murdock auf dem Foto erkennen. Wenn man noch genauer hinschaut, kann man sogar seine Schneidezähne sehen.

„Damals war ich ein Tier", sagt Murdock, „durch und durch ein Tier."

Der Nervenkitzel ist immer noch da. Das Blut zirkuliert, wenn 50 oder 100 Verträge gehandelt werden, und zehn Sekunden der Ewigkeit könnten einige Tausend Dollar Verlust oder Gewinn bedeuten. Hinter der kühlen Vernunft strömt das Adrenalin wie ein Fluss, bahnt sich bei „Eroberungen" seinen Weg an die Oberfläche und schüttet Energie aus. Von Tag zu Tag und von Augenblick zu Augenblick ist da diese Unsicherheit – selbst im Kopf eines erfolgreichen Börsenmaklers –, ob man vielleicht keinen Pfifferling wert sein könnte. Risiko, Angst, Eroberung, Hochstimmung, Chaos, Selbstkontrolle: die emotionale Nahrung von Geld, Macht und Kontrolle.

Während er seinen Platz am Maklerstand in der obersten Reihe der zehn Jahre alten Börse einnimmt, schaut er nach oben. Mehr als alles andere ist dies eine Sache des Überlebens. Er kennt den potenziellen Bankrott aus eigener Erfahrung – sowohl in der Brieftasche als auch in seiner Seele –, und er weiß, wie es ist, wenn man glaubt, man könne dies allein schaffen. Er streckt seinen Arm nach oben, in Richtung eines Spots in Deckennähe in der äußersten südwestlichen Ecke. In seiner Vorstellung ist dies die Stelle, von der aus Gott ihm zuschaut. Er weiß genau: Was er hier tut, ist sowohl Talent als auch Verantwortung.

Die Glocke zum Börsenbeginn um 7 Uhr 30 ertönt auf die Sekunde genau und das Chaos fängt an.

Murdock ist für Eroberungen wie geschaffen. Sein Temperament, seine Geschichte, seine Fähigkeiten, sein Erscheinungsbild – alles vermittelt diesen typischen Eindruck. Seine Zähne sind blitzend weiß, entweder zusammengepresst oder zu einem Lächeln geöffnet. Ohne stereotyp zu sein, hat er ebenmäßige Wangen, eine kräftige Gestalt und trägt Manschetten mit Monogrammen, und nur hin und wieder ist in seinen Augen ein Hauch von Verletzlichkeit zu sehen. Mit seinem ruhigen Lächeln und seiner natürlichen Liebenswürdigkeit ist er auf Anhieb sympathisch; wenn er einen schlechten Tag hat, wägt er Komplimente ab, verhält sich berechnend. Er ist unter Druck gelassen, bleibt brillant, scheint aber oft unsicher zu sein und neigt dazu, sich selbst für noch nicht erreichte Ziele zu bestrafen. Er ist getrieben. Und wie die meisten erfolgreichen Menschen ist er ein Paradoxon von Kontrolle und unerfüllten Bedürfnissen: Genau die Dinge, die ihn vorantreiben – Herausforderung, Anerkennung und Zielstrebigkeit –, sind zugleich die Ergebnisse der Leere in seinem Herzen. Über all seine Fehler hinaus, die er sich selbst eingesteht, liebt er Gott.

Schon sehr früh lernte er, was Macht und Kontrolle ausmacht. Er begriff schnell, dass man sich Selbstwert verdienen kann: durch die Anhäufung von Auszeichnungen, Titeln und Ehren. Er wuchs als ältestes von fünf Kindern in einer liebevollen Familie in den Vororten von Pittsburgh auf, und seine Eltern vermittelten ihm die Werkzeuge des Erfolgs – tief verwurzelte Werte wie harte Arbeit, Ehrlichkeit, Integrität und die positive Annahme von Herausforderungen.

Lance verfügte über eine Vielfalt von Fähigkeiten, sodass er nie wirklich kämpfen musste. Er war der Kapitän seines Football- und Baseballteams, Klassensprecher, Mitglied der *Honor Society* und beinahe ununterbrochen der „Optimist des Monats“. Seine Mutter, dessen Liebe ihm noch heute die Tränen in die Augen treibt, versuchte, ihn zu noch größeren Leistungen zu bewegen. Wenn er im Zeugnis fast nur Einsen hatte, lautete ihre Frage: „Warum die Zweier?“ Wenn er beim Football 180 Yards schaffte, sagte sie: „Prima, aber du hättest die Abwehr umgehen und den Ball bis zum Schluss durchbringen können.“ Sie wollte, dass ihr Sohn sein ganzes Potenzial ausschöpfte. Doch im Kopf des Kindes machte sich eine verzerrte Wahrnehmung breit: „Ich lernte, dass mein Wert voll und ganz von meinen Leistungen abhängt.“ Selbst bei Gott suchte er Auszeichnungen zu erlangen. Woche für Woche saß er in der Presbyterianischen Kirche und zählte die Anzahl der schlafenden Zuhörer, um eine Auszeichnung dafür zu bekommen, dass er immer anwesend war. Ungefähr ein Jahr lang arbeitete er mit dem Pastor zusammen, um die *Boy Scout God and Country*-Auszeichnung zu verdienen. Er hatte jedoch zu viel Respekt vor Macht, um Gott vollständig zu instrumentalisieren. Selbst in seinem späteren Leben, während bestimmter Perioden, in denen er die Gebote nicht befolgte, hielt er am Gebet fest. Gott war stets seine Sicherheitszone, eine Mauer gegen einen kompletten Zusammenbruch seines Fortschritts.

Lance hatte Träume. Er wollte ein Profi-Footballspieler werden. Als typisch amerikanischer *running back* an der Highschool wurde er von mehreren großen Universitäten angeworben. Er entschied sich für die *Duke University*. Zu dem Zeitpunkt war er im zweiten Studienjahr und hatte begonnen, in der Abwehr des Footballteams zu spielen. Nach den ersten vier Wochen seines letzten Studienjahres war er der Co-Kapitän einer unbesiegten, in der Nationalliga rangierenden Mannschaft. Dann trat plötzlich ein großes Problem auf, möglicherweise die erste ernst zu nehmende Herausforderung seines bisherigen Lebens. Zwei *running backs* waren verletzt. Da Lance auf der Highschool ein *running back* gewesen war und er genau diese Position wirklich spielen wollte, bot er dem Trainer seine Dienste an. Dieser lehnte ab: „Wir brauchen dich zu sehr in der Verteidigung." Murdock verlor seine Motivation. Die Mannschaft spielte 6:5 und Murdock wurde nicht für die Profiauswahl berücksichtigt.

Da er keine anderen Alternativen sah, beschloss er, sich im Geschäftsleben einen Namen zu machen. Nach seinem Universitätsabschluss nahm er einen Job an und heiratete. Für Lance waren diese beiden Dinge direkt miteinander verbunden. Seine Frau kam aus einer wohlhabenden Familie. Für Lance wurde es ein zusätzlicher Ansporn – oder Druck, wenn man so will –, Erfolg zu haben.

„Mein einziges Ziel bestand darin, meiner Frau den Lebensstil zu ermöglichen, den sie gewohnt war", erklärt er. Er kümmerte sich nicht darum, dass es ihr gar nicht darum ging, reich zu sein. Für ihn war der Reichtum ein Ansporn. Er blieb nur elf Monate an seinem ersten Arbeitsplatz – im Unternehmen „Carnation" in Jacksonville, Florida –, wo er als Vertriebsleiter fungierte.

„Ich hatte es einfach zu eilig", erklärt er. „Es war absehbar, dass es viel Zeit in Anspruch nehmen würde, die Karriereleiter im Unternehmen nach oben zu klettern. Ich wollte aber nicht warten; mein Hunger nach Anerkennung und Geld war zu groß." Er verließ das Unternehmen und wurde Börsenmakler in Durham, North Carolina. Da er schnell erfolgreich sein wollte, investierte er den größten Teil seiner

Zeit in die Arbeit. Seine Frau fühlte sich völlig vernachlässigt und ließ sich auf eine Affäre ein. Etwa zu diesem Zeitpunkt flog Murdock nach Chicago, um die Handelskammer zu besuchen.

„Ich ging durch das Gebäude und hatte keine Ahnung, was da eigentlich vor sich ging, aber ich wusste, dass ich dazugehören wollte. Es herrschte eine angeregte Atmosphäre, voller Wettbewerb, laut und aufregend – kurz gesagt alles, was ich mir von einem Job wünschte." Murdock nahm die beiden größten Herausforderungen seines Lebens an: seine bedrohte Ehe zu retten und einen Job anzunehmen, der ein Maximum an Spaß und Erfolg versprach. Er wollte alle Gegner schlagen.

„Das Traurige", so Murdock, „ist, dass mir wirklich viel an meiner Frau lag."

Im hektischen Treiben der Börse ist Lance Murdock wie ein Fels, unbeweglich, abgesehen vom langsamen Kaugummikauen, mit dem Kugelschreiber oder einem Finger an den Lippen. Er verhält sich wie ein Raubtier vollkommen still – berechnend, die Augen starr. Er wartet auf den richtigen Augenblick, die entscheidende Sekunde, wenn er durch Berechnungen und Instinkt angespornt spürt, dass der Profit zur Beute wird.

Es ist schwierig, sich das Börsenparkett vorzustellen. Sobald die Glocke ertönt, verändert sich die Welt von einer Sekunde zur anderen. Aus einem Raum mit vernünftigen Menschen, Ordnung und normalen Umgangsformen wird mit einem Mal ein Irrenhaus voll Gebrüll und Herumgehüpfe. Nun sind hier Dinge erlaubt, für die man an jedem anderen Ort einer zivilisierten Gesellschaft ins Gefängnis kommen würde. Heute zeigt die Anzeigetafel 7:57:19, der Markt ist in Bewegung. Der Lärm von drängenden, wetteifernden Stimmen klettert zur hohen Decke des Saals hinauf, nimmt ein wenig ab, schwillt plötzlich mit noch drängenderen und schnelleren Stimmen erneut an.

Hin und wieder können Uneingeweihte eine Stimme aus Tausenden heraushören: „2 Punkte herunter, 500 aus. Biete für 200, 200, 200!" Wenn man Glück hat, kann man der Stimme folgen und einen Mann mit hervorspringenden Augen und Venen ausmachen, doch größtenteils gelangt das ganze Stimmengewirr als ein einziges Knäuel schriller Stimmen in das Bewusstsein des Beobachters. Telefone tragen noch zur allgemeinen Verwirrung bei – Nachrichten und Aufträge kommen von außen herein. Über den Ständen der Makler sitzen sie wie unparteiische Engel in weißen Blusen und hämmern auf die Computer ein – sie senden phosphoreszierende grün und gelb flackernde Lichter: die Zahlen auf den großen Anzeigetafeln, die langsamen Wächter über das Chaos, die elektronische Berechung von Leben und Tod.

Die Laufburschen, die Händler und die Assistenten – die Anfänger und die Auszubildenden – bewegen sich wie Ameisen, flitzen mit Zetteln herum und halten plötzlich, um zu rufen: „Verkaufe 53 zu 21, 19 und zu 20; kaufe 19 zu 20, 20 für 4, 59 zu 22." Dann laufen sie weiter, ihre Stimmen vermischen sich mit denen der anderen, die das Gleiche tun und wie sie Zahlen hervorstoßen.

Murdock schlägt schnell zu, seine Arme und Hände sprechen eine Zeichensprache, seine Stimme explodiert, er schreit wie ein Presslufthammer. Er kauft 20 Anteile zu 19. Der Markt schwankt für fünf bis zehn Sekunden bei 19, eine Ewigkeit. Er minimiert sein Risiko, indem er zehn der Anteile zu 19 an einen benachbarten Händler verkauft. Innerhalb von zwei Sekunden erholt sich der Markt und Murdock verkauft fünf Anteile zu 20. Er gewinnt annähernd 150 Dollar. Der Markt erholt sich weiter und innerhalb weniger Sekunden handelt er die verbleibenden fünf Anteile zu 21. Er gewinnt weitere 300 Dollar. Fast 450 Dollar Gewinn beim ersten Geschäft heute, in weniger als einer Minute. Ein guter Start in den Tag. Am Vortag führte sein erstes Geschäft zu einem Verlust von rund 2 000 Dollar.

Murdock ist ein individueller Börsenmakler, er spielt auf eigene Rechnung. Er handelt selbstständig. Spekulanten erhalten weder Gehalt noch Provisionen. Ein Spekulant ist wie jemand, der in ein Lebensmittelgeschäft geht und eine Liste dabei hat, auf der verzeichnet ist, was jeder einzelne Artikel kosten sollte. Wenn er einen Artikel zu einem niedrigeren Preis entdeckt, kauft er gleich mehrere davon in der Hoffnung, dass der Lebensmittelhändler den Preisunterschied bemerkt und den Preis heraufsetzt. Dann verkauft er seine Artikel und streicht den Gewinn ein. Der Markt erfüllt durch Angebot und Nachfrage die gleiche Funktion wie der Lebensmittelhändler.

Die Börse kann jemanden bei lebendigem Leib verschlingen. Im Allgemeinen sind es nur junge Leute, die sich dort behaupten, und meist nur für eine begrenzte Zeit. Die Börse ist vor allem eine Zusammendrängung, eine Intensivierung eines Wertesystems. Mit einem Wort: Geld – in wenige Sekunden hineingepresst. Alles scheint so gestaltet zu sein, dass der Druck vorweggenommen wird. Das Gebäude besteht größtenteils aus soliden Säulenplatten – die Fliesen, die hohen Lichter, die massiven Tische, der Raum, alles ist symmetrisch angeordnet. Die Anzugjacken der Händler: rot, gelb, bewusstseinsverändernd – die Anordnung von Rang und Gesellschaft. Doch der Druck und das Chaos dringen trotzdem ein, sie sickern wie Säure in die Poren. Es ist eine unparteiische Welt. Auf jeden Gewinner kommt ein Verlierer. Schätze richtig und du überlebst. Schätze falsch und du musst möglicherweise zurück zu deinem Schreibtischjob.

Der Druck äußert sich auch körperlich, er ist eine Art Energie. Wenn der Markt „heiß" ist, drängen sich Körper aneinander; sie warten auf die Möglichkeit, loszubrüllen. Stimmbänder werden heiser geschrien. Krampfadern erscheinen auf junger Haut. In der Wucht des Ganzen werden Händler verletzt, fallen in Ohnmacht, bekämpfen einander, manchmal sogar mit den Fäusten, sie beschmutzen sich – und der Handel geht weiter.

Fünf von sechs Händlern verschwinden innerhalb von zwei Jahren von der Bildfläche. Sie sind entweder ausgebrannt oder gebrochen, Opfer ihrer selbst. Sie halten dem Druck nicht stand.

Es ist bald Mittag. Lance Murdock treibt sich selbst an, selbst nach 15 Jahren noch. Er hat rund 6 000 Dollar Gewinn gemacht, aber er hat das Gefühl, er sollte noch weitere 3 000 oder 4 000 Dollar schaffen. Denn eines hat er gelernt: Man muss zuschlagen und das Höchste herausholen, wenn man kann. Man weiß nie, wie es morgen aussieht.

Gegen Mitternacht in einer um den Gefrierpunkt kalten Dezembernacht 1980 verlässt Lance Murdock seine Wohnung in der Innenstadt von Chicago und nimmt seine sieben Monate alten Hunde zu einem Spaziergang in den Park mit. Es sind Rottweiler – er hat sie stets bewundert: Ihre Kraft erinnert ihn an Macht und ihre treue Ergebenheit ruft eine gewisse Sehnsucht bei ihm hervor. Nach der Trennung von seiner Frau und dem Auszug aus dem gemeinsamen Zuhause brauchte er Gesellschaft.

Die Welt, die er sich so sorgfältig aufgebaut hatte, war zusammengebrochen. Die Scheidung stand bevor. Er hatte fast 400 000 Dollar Schulden und stand am Rand des Bankrotts.

Bis zu diesem Zeitpunkt war alles so gelaufen, wie er es sich vorgestellt hatte. Zumindest die Dinge, die er kontrollieren konnte. Er war nach Chicago gezogen, hatte nachmittags und abends als Börsenmakler gearbeitet und seine Tage in der Handelskammer verbracht. Er hatte Kontakte geknüpft, das System und die Profis studiert. Im Gegensatz zu vielen anderen Menschen, die von einem Traum besessen sind, hatte er es nicht zu eilig und kalkulierte sein Vorgehen ganz genau. Er wollte es gut machen. Er hatte die erforderlichen 120 000 Dollar gespart, um als Händler an der Börse zugelassen zu werden.

Im Juli 1977 wurde er zum ersten Mal an der Börse aktiv. Die ersten Wochen waren erstaunlich einfach. Im ersten Monat machte er 8 000 Dollar Gewinn und er war mehr als zufrieden mit sich selbst. Sein Wert stieg. Der darauf folgende Monat brachte ihn in gewisser Weise zurück auf den Teppich. Er verlor 16 000 Dollar und hatte nur noch wenige Tausend Dollar Kapital. Doch selbst das konnte ihm nichts anhaben. Natürlich wurde er dadurch aufgerüttelt, doch er war für Herausforderungen wie gemacht. Er schaltete einen Gang zurück, suchte Rat, pickte sich Spotgeschäfte heraus, befasste sich gründlich mit den Geheimnissen des Erfolgs und lernte Geduld und Disziplin. Innerhalb von drei Jahren hatte er sein Kapital auf eine siebenstellige Summe aufgestockt.

Er hatte sich seine Träume erfüllt. „Ich hielt mich für den Gewinner schlechthin", sagt er. Er hatte Zeit und Geld und Anerkennung. Der Name Lance Murdock gewann an Bedeutung, auch in seinen eigenen Augen. Doch da waren noch die nagenden Probleme in seinem privaten Bereich. In seiner Ehe hatten sich die Rollen umgekehrt. Lance fühlte sich nun vernachlässigt. Da er im Getreidehandel tätig war, der weniger als vier Stunden pro Tag geöffnet war, hatte er viel freie Zeit zur Verfügung. Er wollte die Frucht seiner Anstrengungen genießen – exotische Reisen unternehmen, sich teure Hobbys gönnen, ein größeres Haus kaufen. Seine Frau wollte von all dem nichts wissen. Sie arbeitete 40 bis 50 Stunden pro Woche und liebte ihren Job. Sie interessierte sich kaum für die Dinge, die ihr Mann kaufen konnte. Für Lance war dies wie eine persönliche Beleidigung: Wie konnte sie es wagen, seine Eroberung des Marktes zu verschmähen, indem sie sich weigerte, das angenehme Leben zu genießen, für das er um ihretwillen so hart gearbeitet hatte?

Lance konnte auch die Affäre seiner Frau nicht vergessen. Er kam nie darüber hinweg. Er hatte sie, seinen wichtigsten Besitz, an einen anderen Mann verloren. Obwohl die Affäre vorüber war, spürte er noch immer einen bitteren Nachgeschmack. Beide begannen, sich in verschiedene Richtungen zu entwickeln. Lance war nach wie vor entschlossen, seinen Erfolg zu genießen, auch wenn seine Frau das nicht wollte. Er reiste zum Golfspielen nach Myrtle Beach, zum Spielen nach Las Vegas, wegen der Sonne nach Florida. Er unternahm diese Reisen allein, mit Freunden und irgendwann schließlich mit anderen Frauen. Er wurde ein Meister auf dem Gebiet der chronischen Lüge.

„Es wurde ansteckend", erklärt er. „Ich steuerte unsere Ehe direkt in den Ruin. Es war mir sogar egal."

Ungefähr das Einzige, was Murdock fehlte, war eine demütige Haltung. Er war ein selbstgefälliger, kontrollierter Mann, der eine Maske der Anständigkeit und des guten Rufs trug – einer von der allerschlimmsten Sorte.

„Meine Selbstgefälligkeit war geplant", sagt Murdock. „Ich kannte meine Ziele." Er fühlte sich unbesiegbar.

Doch dann begann seine Welt, ungeachtet seiner Bemühungen, zusammenzubrechen. Er wurde Ende 1979 von seiner Frau geschieden. Im November 1980, als er sich erneut einer siebenstelligen Summe – dieser magischen Zahl der Überlegenheit – näherte, schlug das Unglück zu. Als Spekulant in Terminkontrakten hatte Murdock seine Geschäfte größtenteils mit Hilfe seines Instinkts und innerhalb kürzester Zeit abgewickelt. Er beschloss, die Spekulation an der Warenbörse zu versuchen. Das erfordert das Studium eines Wirtschaftsguts, die Positionierung desselben und die Weiterführung der Position, meistens wochen- oder monatelang. Es ist ein sehr riskantes Geschäft.

„Ich kannte die Tophändler in der Handelskammer und sie machten innerhalb von wenigen Wochen oder Monaten Hunderttausende", sagt er. Mit seinem enormen Selbstvertrauen glaubte Murdock, das Gleiche tun zu können. Er eröffnete eine Position für eine Sojabohnenkultur. Er studierte das Wetter und die Preistabellen. In den ersten Monaten gewann er 200 000 Dollar auf seiner Position.

„Ich dachte: Das ist unglaublich. Warum schufte ich mich ab, indem ich den ganzen Tag handle, kämpfe und schreie, während ich in wenigen Wochen ein paar Hunderttausend Dollar machen kann?“ Er ließ seine Position weiterlaufen – in den Abgrund. In den folgenden acht Tagen wandte sich seine Position gegen ihn. Er verlor seinen Gewinn von 200 000 Dollar sowie 750 000 Dollar seines Maklerkontos und war mit rund 400 000 Dollar verschuldet. Insgesamt hatte ihn die Position ungefähr 1,3 Millionen Dollar gekostet. In nur einer Woche.

So fand er sich in jener Nacht in einem Park von Chicago wieder, gebrochen, mit seinen Rottweilerjungen, den „Hunden der Macht“. Er erinnert sich daran, wie er den Wind bis ins Innerste spürte, bis in die Nähe seiner Seele. Er zitterte, fühlte sich kalt und leer.

„Ich hatte alles kaputtgemacht“, sagt er. „Ich durchlief eine Scheidung und ich war in die roten Zahlen geraten. Ich fühlte mich völlig verloren. Ich hatte keinerlei sozialen Wert, ich konnte immer nur denken, dass ich keinen Pfifferling wert war.“ Wirtschaftlich, sozial und moralisch gesehen sah er sich dem Bankrott gegenüber.

Auf dem weiten, offenen Feld drang der Winter durch ihn hindurch. Alles war zerbrochen, zurück blieb nur die Scham. Die Hunde stupsten ihn voran, um seinen Kummer zu durchbrechen. Murdock weinte.

Wenn der Handel sich verlangsamt, dann schleppt sich die Zeit dahin. Als die Uhr 1:12:36 zeigt, macht sich Langeweile breit und legt sich auf die angespannten Nerven wie kühles Wasser auf eine frische Wunde. Lance steht aufrecht in dem zehn Jahre alten Maklerstand, er kaut auf einem Kaugummi und mischt sich in die aufkommende Unterhaltung um ihn herum. Anstatt des Dröhnens hektischer Stimmen ist nur ein leises Summen zu hören, wie das Aufziehen einer Uhr, nur wenige Schritte von der Spannung entfernt. Auch damit müssen die Händler fertig werden. Einer von ihnen hockt auf den Stufen eines Maklerstandes und liest den Leitartikel in *USA Today*: „Sollte das Glücksspiel legalisiert werden?“ Ein anderer pfeift ein Lied, es klingt nach „Unforgettable“ oder „Here comes the Sun“. Die Toiletten und die Telefone sind besetzt. Die Fetzen von Unterhaltungen sind so zahlreich wie die zerrissenen Papiere auf dem Börsenparkett.

„Ich bin davon überzeugt“, sagt ein Händler ins Telefon, „dass es nichts Originelles gibt, das nicht bereits von irgendjemandem irgendwo durchgeführt wird.“ Ein anderer beklagt sich darüber, dass seine

Saisonkarten für die Spiele der *Chicago Cubs* nur für schlechte Plätze gültig sind.

Zwei Männer am Geländer erzählen sich Geschichten über ihre Sprösslinge: „Mein Sohn hat seinen zweiten Geburtstag gefeiert. Er hat sich Schokoladeneis in die Ohren geschmiert."

Ein anderer reibt sich am Kopf. „Bin gestern Abend spät heimgekommen. Muss damit aufhören. Ich finde sowieso nie, wonach ich suche."

Die Energie ist das, was durchkommt. Selbst wenn die Zeit still steht und in endlos langsamen Sekunden verstreicht, wenn die verrückte Hast der Stimmen sich verlangsamt – dann sind mildere Töne des Kummers und der Sehnsucht zu hören. In der Börse herrscht eine wilde Bewegung des Lebens. Zwischen den Zeilen kann man heraushören, dass das Geld gar nicht der wirkliche Gegenstand ist.

Allmählich kam Lance Murdock zu der Erkenntnis, dass das wirkliche Unglück seines Lebens nicht darin bestand, dass er annähernd 1,4 Millionen Dollar verloren hatte. Die wirkliche Katastrophe war der Bankrott seines Denkens – der Glaube, dass er selbst eine unzerstörbare Welt für sich aufbauen konnte, ein Umfeld, in das nichts Negatives eindringen konnte wie etwa Versagen, Angst oder ein nächtlicher Dieb. Er hatte geglaubt, wenn er die Umstände – sein Bankkonto, seinen Ruf als Händler, seine Erfolge – kontrollieren könnte, könnte er seinen Selbstwert bestimmen. Der Schuss ging jedoch nach hinten los. Als er auf die Katastrophe zurückblickte, wurde ihm klar, dass all seine Erfolge so gut wie gar nicht zählten. Er war nicht etwa ein schlechter Mensch: Er war stets liebenswürdig und natürlich um andere besorgt. Aber seine Hoffnungen gingen in die falsche Richtung.

„Ich erkannte, dass ich all meinen Wert und meine Bedeutung als Mensch auf oberflächliche Erfolge gegründet hatte. Mir wurde bewusst, dass ich als Mensch durch diese Erfolge keineswegs besser geworden war."

Gott hatte noch immer die Fäden in der Hand, und Murdock begann, Veränderungen vorzunehmen. Er erkannte, dass seine Tätigkeit als Börsenmakler ein Talent war. Er hatte die Verantwortung, dieses Talent auszubauen und ihm einen neuen Wert beizumessen. Er konnte seinen eigenen Wert nicht länger auf die Anzahl der Autos, Häuser und Flugzeuge gründen, die er besaß. Er hatte begonnen zu erfahren, was Gnade heißt.

Er lernte auch, was Geben bedeutet. Drei seiner Freunde legten Geld zusammen, um ihm bei der Begleichung seiner Schulden zu helfen. Sie gaben ihm ein zinsloses Darlehen und drückten ihm ihr Vertrauen aus. Sie verlangten von ihm, dass er den Positionshandel aufgab und zum Tageshandel zurückkehrte. Seine Freunde vertrauten ihm so sehr, dass sie ihm eine so hohe Summe gaben – 400 000 Dollar! Dieses Vertrauen berührte Murdock tief. In gewisser Hinsicht schien es, als ob Gott selbst zu ihm vorgedrungen war. Es war schwer zu begreifen und unmöglich zu vergessen.

Ganz allmählich erholte sich Murdock. Innerhalb von ungefähr drei Jahren schrieb er wieder siebenstellige Zahlen, er war Mitglied des Verwaltungsrats der Handelskammer und fasste wieder mehr Vertrauen in das Leben. Er betete immer noch und las nun täglich eine halbe Stunde in der Bibel. Er war immer noch der an sich selbst interessierte Gläubige, aber seine Fragen waren ruhiger und umfassender: „Wer ist Gott? Was erwartet er von mir?“ 1984 kamen seine Eltern zu Besuch. Als gläubige Christen suchten sie nach einer Gemeinde, zu der sie am Sonntag gehen könnten.

Sie stießen auf eine Gemeinde, deren Gebäude wie ein Bürohaus aussah – die *Willow Creek Community Church*. Sie gefiel ihnen. Murdocks Mutter, die immer noch dazu neigte, ihren Sohn herauszufordern, bat diesen, sie zum Gottesdienst zu begleiten. Er willigte widerstrebend ein. Er nahm sich vor, wie in seiner Jugend die Anzahl der schlafenden Zuhörer zu zählen; doch stattdessen wurde er von der Gegenwart Gottes überwältigt. Der Glaube, den er dort spürte, war lebendig und kraftvoll. Seine Mutter fühlte, dass ihr Sohn verändert werden würde. Und sie weinte.

Murdock kam nun weiterhin zu den Gottesdiensten. Er war interessiert und zugleich skeptisch. Er saß stets in der ersten Reihe der Empore, ganz nahe am Ausgang. Er analysierte und wartete geduldig auf den Haken bei dieser Sache. Allmählich begann er, Geld in die Kollekte zu tun. Schließlich erhielt er einen Anruf vom Hauptpastor, der ihn zum Mittagessen einlud. Murdock glaubte, er würde nun bald den erwarteten Haken finden: Die Gemeinde war wahrscheinlich an seinem Geld interessiert. Während des Mittagessens wartete er darauf, dass der Pastor ihm für seine großzügigen Spenden danken würde. Doch er wartete vergeblich. Stattdessen kamen Fragen über sein geistliches und moralisches Leben. Der Pastor erfuhr, dass Murdock mit seiner Freundin zusammenlebte. Mit deutlichen Worten forderte der Pastor Murdock auf, ein Leben zu führen, das Jesus Christus Ehre macht.

„Er holte mich von meinem hohen Ross herunter“, erzählt Murdock. „Seine Worte waren wie ein Messer, das mich in kleine Stücke schnitt.“ Doch Murdock reagierte nicht beleidigt, sondern eher froh, dass sich jemand so um ihn kümmerte. Endlich hatte er Menschen gefunden, die sich nicht im Geringsten für sein Geld oder seinen Ruf interessierten, sondern allein dafür, dass er Fortschritte im Glauben machte.

Seit dieser Zeit traten in Murdocks Leben entscheidende Veränderungen ein. Er trennte sich zunächst von seiner Freundin Lynda, lebte eine Zeit lang allein, und schließlich heirateten die beiden. Sie haben vier Kinder (zwei aus Lyndas erster Ehe und zwei gemeinsame Kinder). Wenn man Murdock zu Hause besucht, ist deutlich zu erkennen, dass er seine Prioritäten geändert hat. Auf dem Klavier stehen Fotos von seiner Familie und von seinen Kindern. Während er zum Teich im Vorgarten hinüberschaut, spricht er über die beiden ältesten Jungen und übers Fischen. Er zeigt voller Stolz das frische, weiß gestrichene Zimmer seiner zwei Jahre alten Tochter McKelle. Campbell, das Neugeborene, kann ihn wie einen Schuljungen zum Lachen bringen.

„Ich bin so dankbar“, sagt Murdock. „Gott hat mein ganzes Leben verändert. Ich kann gar nicht beschreiben, wie gesegnet ich bin. Durch Lynda und die Kinder zeigt mir Gott, was es bedeutet, geliebt zu werden. Gott hat mich so sehr gesegnet, wie ich es mir nie hätte träumen lassen. Die Liebe, die uns verbindet, ist sehr tief.“

Auch als Börsenmakler hat er seinen Schwerpunkt verändert. Er will nicht länger der „alles erobernde Held der Handelskammer“ sein. Er bemüht sich darum, verantwortungsvoll zu handeln. Zum ersten Mal in seinem Leben spürt er eine „tiefe Zufriedenheit“, die auf seine Beziehung zu Gott zurückzuführen ist. Er hat sich einige Männer gesucht, die ihn immer wieder an seine Verantwortung erinnern – „meinen persönlichen Aufsichtsrat“ –, damit er in seinem persönlichen und geistlichen Leben seine Integrität wahrt. Er löst sich allmählich von der Macht, die das Geld früher über ihn ausübte.

Aber das heißt nicht etwa, dass in Murdocks Leben alles glatt läuft.

In gewisser Hinsicht hat seine Beziehung zu Gott Chaos in sein Leben gebracht. Tief in seinem Inneren kämpfen zwei Wertesysteme gegeneinander. Das eine sagt: „Du musst gewinnen." Das andere entgegnet: „Du musst nachgeben." Das eine sagt: „Du musst bekommen." Das andere widerspricht: „Du musst geben." Das eine behauptet: „Die äußeren Dinge sind wichtig: Dollar-Scheine, Leistungen, Titel, Anerkennung." Das andere erwidert: „Die inneren Wahrheiten sind entscheidend: Glaube, Liebe und Hoffnung." Murdock ist bereit, in seinem Leben Veränderung vorzunehmen, aber das bedeutet harte Arbeit. Die unterschiedlichen inneren Einstellungen – die alte und die neue Sicht der Dinge – stehen miteinander im Konflikt und dadurch wird Murdocks Leben häufig sehr vielschichtig und kompliziert.

Er gibt offen zu, dass er nach wie vor den Drang verspürt, hart zu arbeiten und gut zu verdienen. Alte Gewohnheiten lassen sich nur schwer ablegen. Neben seinem Job als Tageshändler ist er Mitbesitzer und Partner einer Krankenversicherungsgesellschaft in den nordwestlichen Vororten von Chicago. Seine Geschäfte nehmen einen großen Teil seiner Zeit in Anspruch. Sein Leben ist von 3 Uhr 30 morgens bis mindestens 5 Uhr nachmittags verplant. Manchmal wird das Familien- und Gemeindeleben dafür geopfert.

Auf jeder Ebene seines Lebens kämpft Murdock um Ausgewogenheit. Kann er an der Börse erfolgreich sein, ohne seinen Glauben und seinen Charakter zu gefährden?

„Sehr oft", so Murdock, „drohen die ethischen Werte in den Hintergrund zu geraten, wenn die Intensität des Handels zunimmt. Es ist ein ständiger Kampf." Er spürt die intensive Verantwortung, den Menschen vorzuleben, was es heißt, Christ zu sein. Viele Händler haben sein verändertes Verhalten bemerkt. Er ist nicht länger wie ein Tier. Sie sprechen ihn darauf an und er erzählt ihnen von den neuen Prioritäten in seinem Leben. Er weiß, dass er über die seltene Gelegenheit verfügt, Menschen mit dem Evangelium zu erreichen, die hauptsächlich von ihrem Ego und ihrem eigenen Ehrgeiz angetrieben werden.

Tag für Tag wird Murdock mit dem Unterschied zwischen dem Königreich der Menschen und dem Königreich Gottes konfrontiert. Immer wieder wird er mit der Frage konfrontiert: Was ist Erfolg? Echter Erfolg?

„Ich muss mir immer wieder klarmachen: Wie hart ich auch arbeite und was ich auch erreiche, seien es Flugzeuge, Ferienhäuser, Autos oder Anerkennung – wenn ich sterbe, ist das alles vorbei. Ich könnte so viel mehr erreichen, wenn ich mich ganz für Gottes Reich einsetze. Die Ewigkeit ist unergründlich."

Es ist ein Prozess des Loslassens. Murdock lernt, sich mit bestimmten Fragen auseinander zu setzen: „Kann ich Besitz festhalten und gleichzeitig als Christ effektiv sein? Wo ist die Grenze zwischen Notwendigkeit, Segen und Übermaß? Könnte ich Christus auch dann noch dienen, wenn ich nichts mehr habe? Ist ein Jet in Ordnung oder eine Villa oder eine Ferienwohnung?" Murdock zahlt treu in die Kollekte, er spendet für einige Stiftungen und auch für den ehrenamtlichen Ausschuss der Gemeinde. Er möchte noch mehr tun. Er glaubt, dass es „Überschüsse" in seinem Leben gibt, die er abtreten könnte, um Gottes Reich voranzubringen.

Er sagt, dass er es langsam angehen lässt. Er möchte vermeiden, durch gute Taten in den alten Glauben zurückzufallen, dass man etwas leisten muss, um dafür belohnt zu werden.

„Es gibt eine Grauzone zwischen dem Ausleben unseres Glaubens, das durch Dankbarkeit motiviert ist, und unseren Versuchen, bei Gott Punkte zu sammeln durch die Dinge, die wir für ihn tun."

Murdock will nicht wie früher eine Auszeichnung für „perfektes Betragen" gewinnen.

Trotz all dieser positiven Entwicklungen ist Murdock noch nicht völlig zufrieden. „Ich spüre, dass ich mit so vielen Fähigkeiten und Mitteln beschenkt wurde, aber ich habe nicht den Eindruck, dass ich wirklich alles ausschöpfe, was ich für Gottes Reich tun könnte. Wem viel gegeben wird, von dem wird auch viel verlangt. Ich empfinde eine nagende Sehnsucht in mir."

Und das, so Murdock, ist der Ausgangspunkt für den Weg „nach unten". Hinein in das „Chaos" und unter Gottes Kontrolle.

Noch eine Minute bis zum Klingeln, das den Börsenhandel abschließt. Noch ist der Tumult und das Geschrei um die in letzter Sekunde getätigten Kontrakte lebendig. Murdock hat Kontrakte verkauft und selbst einen Last-Minute-Deal getätigt. Ein paar Sekunden später geht der Markt nach oben. Er hätte einen beträchtlichen Gewinn machen können. Vor ein paar Jahren wäre er verärgert gewesen.

Jetzt huscht nur ein verstecktes Lächeln über sein Gesicht.

Über ihm, in der äußersten südwestlichen Ecke in Deckennähe befindet sich ein etwa sechs Fuß langes Gitter, das von den meisten gar nicht wahrgenommen wird, und dahinter ein heller Spot. Murdock stellt sich vor, dass Gott ihm von dieser Stelle aus zuschaut. Wie Murdock sagt: Es ist alles eine Frage der Perspektive.

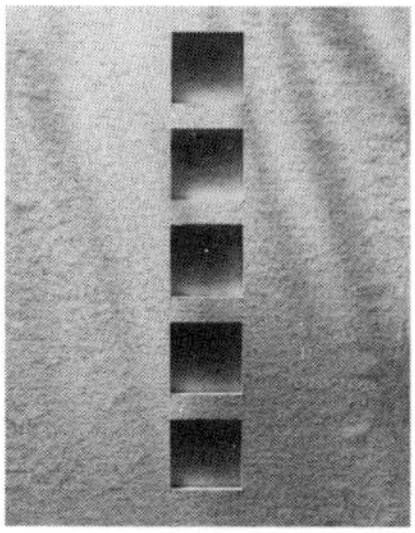

Teil III

Hingabe

Kapitel 4

Außerhalb der bequemen Lebenswelt

„Er machte sich selbst zu nichts." Philipper 2,7; Elberfelder

Jesus Christus machte sich selbst zu nichts. Irgendetwas an diesem Gedanken stört. Vermutlich ist es das Wort „nichts“. Dieses Wort vermittelt eine unbehagliche Kombination von Leere und Gewalt, eine schreckliche Demontage dessen, was *ist*. Mit „nichts“ kann man absolut nichts Gutes verbinden. Wir können „nichts“ nicht zur Bank, zum Strand oder zu einem Seminar über Selbstachtung mitnehmen. Mit „nichts“ würde man uns auslachen und aus Sitzungsräumen und Festessen bei Preisverleihungen hinauswerfen. Wenn wir unseren Wert unter Beweis stellen und jemand sein wollen, müssen wir etwas erreichen oder leisten. „Nichts“ ist für Nobodys.

Aber es geht noch weiter. Denken Sie noch einmal darüber nach: Jesus Christus machte sich selbst zu nichts. Das setzt ein vorsätzliches Handeln voraus. Jesus verzichtete aus freien Stücken auf alles, was ihm zustand – seine göttlichen Rechte und Privilegien –, und überwand die unüberbrückbare Kluft zwischen Gott und Mensch.

Versuchen Sie einmal, sich die Tiefe dieser Kluft vorzustellen. Versuchen Sie, die Ausdehnung zwischen Himmel und Erde mit einem Maßband oder einem Kilometerzähler oder mit der Lichtgeschwindigkeit zu messen. Meilen und Jahrtausende werden sich in der Ewigkeit verlieren. Finden Sie einen neuen Einstein, stellen Sie eine neue Gleichung auf, lassen Sie den Computer rattern – Köpfe und Computerchips werden schmelzen. Die Größe der Entfernung, die Jesus Christus herabstieg, ist schlicht und einfach nicht berechenbar.

Doch die Entfernung ist nicht der einzige Abstieg, den es hier zu messen gilt. Es geht auch um die qualitative Erniedrigung des Seins:

Der unbegrenzte Gott wurde begrenzter Mensch. Vor seiner Erniedrigung zum Menschen befand sich Jesus im Mittelpunkt des Kosmos – das Zentrum aller Anbetung, der Schöpfer aller Dinge und Geschöpfe, die Energie und Macht, die alles zusammenhält. Jesus Christus war nicht ein Assistent, auch nicht ein ewiger stellvertretender Herrscher oder Erbe eines unerreichbaren Throns. Paulus macht in Philipper 2, Vers 6 ganz deutlich, dass „er in allem Gott gleich war". Jesus Christus – auf gleicher Ebene mit dem Vater und dem Heiligen Geist – war derjenige, der die Welt erschaffen hat und von Ewigkeit her regiert. Er ist derjenige, vor dem sich die Engel beugen und in der spektakulären Vision Jesajas in Jesaja 6 „Heilig, heilig, heilig" ausrufen. Jesus Christus ist Gott.

Doch er beschloss, sich zu erniedrigen und seine göttlichen Rechte aufzugeben. Auf einmal musste er Türen benutzen, auf Eseln reiten, essen und schlafen. Seine Muskeln wurden müde. Er sagte: „Okay, Papa, ja, Mama, ich mache, was ihr sagt." Statt angebetet zu werden, ließ er sich verhöhnen und ins Gesicht spucken. Er tauschte „Heilig, heilig, heilig" gegen „Hey, Judenjunge" ein. Stellen Sie sich die allwissende, allgegenwärtige und allmächtige zweite Person der Gottheit vor, wie sie sich den Beschränkungen des Menschseins unterwarf.

Vom Himmel zur Erde, von Gott zum Menschen ... aber selbst diese Aspekte schöpfen noch nicht vollständig die Erniedrigung Christi aus. Es ging noch tiefer, bis ans Kreuz – an ein raues, zersplittertes, hartes Kreuz, das in den Himmel ragte und von Blut durchtränkt war. Als Jesus starb, war dieses Kreuz sein einziger Besitz – er war mit Nägeln daran befestigt. Verlassen, gebrochen, im Stich gelassen von Gott und Mensch, wurde er schließlich vom Kreuz abgenommen und begraben. Es gab kein Testament anzufechten; Jesus hatte weder über ein Zuhause noch über Land oder Geld verfügt. Es gab kein Königreich zu vererben – er hatte nur eine Hand voll Jünger gehabt und selbst diese waren in alle Winde zerstreut. Es gab keine Kinder und kein niedergeschriebenes Vermächtnis. Aus Sicht der Welt war Jesus so weit herabgesunken, wie ein Mensch – von Gott ganz zu schweigen – überhaupt sinken konnte.

Und doch ging es noch einen Schritt tiefer, der aus Sicht des Himmels die eigentlich tiefste Erniedrigung bedeutete: Der Unschuldige wurde zum Sündenträger. In die Seele Christi floss der Hass jeder einzelnen Lüge, das Böse jedes unsauberen Gedankens, das Gift jedes grausamen Wortes und die Tragödie jeder guten Tat, die nicht vollbracht wurde. Und der Vater in seiner Heiligkeit konnte nicht anders, als sich gegen seinen Sohn zu wenden. Jesus bekam den Zorn Gottes über die Sünde zu spüren. Er konnte tatsächlich nicht tiefer sinken.

Wenn man zu begreifen beginnt, wie gewaltig die Erniedrigung Christi war, dann staunt man umso mehr über diesen Vers: Jesus *machte* sich selbst zu nichts. Er wurde nicht dazu getrieben oder mit Drohungen gezwungen. Und seine Erniedrigung war auch kein Unfall. Sie war vielmehr das Ergebnis einer unerschütterlichen, willentlichen Bindung an die göttliche Logik. Schritt für Schritt entschied sich Jesus dazu, sich vom Gipfel der Schöpfung zur Entwürdigung durch das Kreuz zu bewegen. Als er den Himmel verließ, ging er direkt geradeaus in eine einzige Richtung: hinab. Bewusst und aktiv gab er sich einem Leben des Gebens, Dienens, Verlierens und Sterbens hin.

Harte Entscheidungen

Was für die Nachfolger Christi seit jeher schwer zu schlucken ist: Wir sind dazu aufgerufen, so zu handeln wie Jesus – uns selbst zu *nichts* zu machen. Wir sollen Jesus Schritt für Schritt auf der nach unten führenden Leiter des Selbstverzichts folgen, indem wir selbstsüchtige Interessen aufgeben. Doch dieser Prozess vollzieht sich nicht einfach von selbst. Genau wie Jesus müssen auch wir Tag für Tag aktive und willentliche Entscheidungen treffen, um uns „nach unten" zu bewegen. Und nach dem Vorbild Christi müssen wir uns Gottes Logik zu Eigen machen. Wir müssen glauben – so schmerzlich das auch oft ist –, dass der Abstieg der einzige Weg zum Aufstieg ist.

Aus der Sicht der Gesellschaft ergab der Weg, den Jesus beschritt – und den wir auch gehen sollen –, keinen Sinn. Er war Un-Sinn. Welcher Gott würde so verrückte Handlungen der Selbstzerstörung verlangen? Und warum sollte ein vernünftiger Mensch einem solchen Beispiel folgen? Es gibt eine einfache Antwort auf diese beiden Fragen: Liebe. Die Geschichte Gottes, der freiwillig auf alles verzichtete, sich erniedrigte und alles verlor, der starb, damit Ihre und meine Sünden für alle Ewigkeit gesühnt wurden, ist vor allem eine Liebesgeschichte. Gott bat seinen Sohn aus Liebe, den Weg des Abstiegs zu gehen.

Und wir, seine Nachfolger, die seine Liebe genießen, werden dazu aufgefordert, das Gleiche zu tun. Als Jesus gefragt wurde, welches die beiden wichtigsten Gebote seien, lautete seine Antwort: Liebe Gott und deinen Nächsten. Diese Liebe trieb Jesus an und sie sollte auch uns antreiben.

Doch der Verzicht, den die Liebe fordert, geschieht nicht einfach so. Jeder von uns muss aktive und manchmal kostspielige Entscheidungen treffen.

Ein Ehepaar in unserer Gemeinde fühlte sich durch die Anforderungen, die ihr großes „Traumhaus" an sie stellte, in die Enge getrieben und beschloss, es zu verkaufen und in ein kleineres Haus zu ziehen. Sie wollten mehr Zeit und Mittel haben, um Beziehungen aufzubauen.

„Christus war für uns der Mittelpunkt unseres Lebens", sagt Sue, „doch der Materialismus kam gleich danach und drohte, unser Leben zu verschlingen."

Das „Herunterschalten" ist für andere oft schwierig zu akzeptieren. So ist es für die beiden Töchter von Sue, beide Teenager, nicht leicht, ihren Freunden in den wohlhabenden Vororten im Nordwesten von Chicago zu erklären, warum ihre Eltern eine solche Entscheidung getroffen haben. Es ist schwierig, missverstanden und sogar kritisiert zu werden. Doch die Familie ist fest entschlossen, nicht wieder in den Zwang ihres früheren Lebensstils zurückzufallen.

Ein weiteres Beispiel: Eine junge Frau namens Jodi beschloss, „herunterzuschalten", nachdem sie ihre Ferien in einem Touristenparadies verbracht hatte. Auf einer Busfahrt hatte sie kilometerlang die Armut Mexikos zu Gesicht bekommen. Zum ersten Mal in ihrem Leben war Jodi so direkt mit Armut in Berührung gekommen.

„Ich war auf dem Weg zu einem todschicken Hotel", erzählt Jodi, „und hier waren Hunderte von Menschen, die im Elend lebten." Als sie nach Hause zurückkehrte, beschloss sie, etwas zu unternehmen. Heute nutzt sie ihre Fähigkeiten als Physiotherapeutin einmal pro Woche, um den ärmeren Menschen in der Innenstadt von Chicago zu dienen.

„Ich bin zuvor nie in diesem Teil der Stadt gewesen", sagt Jodi und erinnert sich an ihre Ängste. „Es war Furcht einflößend und es ist auch heute noch so … aber ich weigere mich, deswegen nicht mehr zu den Armen zu gehen."

Auch Frank, Ehemann und Vater von sechs Kindern, sah sich mit einer schmerzlichen Entscheidung konfrontiert. Das Unternehmen, in dem Frank arbeitete – einer der größten Hersteller von Videospielen in den USA –, stellte Produkte her, mit denen sich Frank zunehmend unwohl fühlte. Viele der Videospiele, die er verkaufte, zeigten und förderten Sex, Gewalt und Intoleranz. Schließlich ging es bei einem Spiel wirklich zu weit. Für Frank war es eine schwierige Entscheidung, die Firma zu verlassen. Er hatte ein beachtliches Einkommen, eine renommierte Position, ein großzügiges Ausgabenkonto und angenehme Sicherheiten … ganz zu schweigen von einer achtköpfigen Familie, die ernährt werden musste. Wie sollte er all dies aufgeben? Wie würde er seine Familie durchbringen? Frank reichte schließlich die Kündigung ein und folgte dem schmerzlichen Weg nach unten.

Immer wieder treffe ich auf Menschen, die ein solches Herunterschalten, einen solchen Abstieg in Kauf genommen haben, um das Reich Gottes voranzubringen. Ich habe nie erlebt, dass diese Menschen ihren Schritt bereut hätten, doch praktisch alle fühlten ein gewisses Unbehagen, weil ihre Entscheidungen tatsächlich schmerzvoll waren. Es ist nicht einfach, das Gebet Adams: „Nicht dein Wille, sondern der meine", gegen das Gebet Christi: „Nicht mein Wille, sondern der deine geschehe", auszutauschen. Der Weg nach unten ist verbunden mit Demut, Zerbrochenheit, Abhängigkeit, Dienstbereitschaft und Gehorsam – und nichts von diesen Dingen liegt in unserer Natur. Wir fühlen uns alle wohler mit dem Status quo.

Ist dies Leben im Überfluss?

Vor kurzem kam im Flur unseres Gemeindegebäudes eine Frau auf mich zu und dankte mir überschwänglich dafür, dass ich sie dazu bewogen hatte, aus ihrem Wohlfühlbereich auszubrechen.

„Ich habe den größten Teil meines Lebens damit verbracht, die Umstände sorgfältig so zu arrangieren, dass ich bequem, sicher und mit wenigen Überraschungen oder unliebsamen Ereignissen leben konnte. Nun lerne ich, dass es nicht immer bequem ist zu lieben. Manchmal führt die Liebe zu überraschenden Wendungen und wird schrecklich unbequem. Aber es ist so viel aufregender und erfüllender, auf diese Weise zu leben. Ich möchte nie wieder in der Bequemlichkeit stecken bleiben!"

Und doch: Leben nicht die meisten Menschen – auch viele Christen – ihr tägliches Leben in solcher Bequemlichkeit? Neigen wir nicht dazu, uns auf die Bibeltexte zu konzentrieren, die Sicherheit, Frieden, Sieg und Belohnung versprechen? Sind es nicht diese Verse, die wir auswendig lernen und in Form von Postern aufhängen? Wir tendieren dazu, Texte, die unsere Bequemlichkeit zu gefährden drohen, zu übersehen oder „abzumildern". Die Verse, die uns durchdringen und zum Weg „nach unten" herausfordern, werden selten in Schönschrift auf Bildern festgehalten.

Der Schriftsteller Scott Peck hat die Beobachtung gemacht, dass die Menschen unglaublich weit gehen, um Schmerz oder Unbehagen zu vermeiden – in der Ehe, als Eltern, in ihrem Berufsleben und in beinahe jedem Lebensbereich. Anstatt sich mit Problemen auseinander zu setzen – was zu Konflikten führen könnte –, ziehen es viele Menschen vor, sie zu ignorieren oder ihre Energie in etwas anderes zu investieren – Sport, Alkohol, Sex, Shopping, Essen –, um so ein einigermaßen überzeugendes Image von Frieden und Beschaulichkeit zu schaffen. Doch ein solcher Friede ist nicht echt und die Beschaulichkeit kostet viel. Sie wird um den Preis der Wirklichkeit und des persönlichen Wachstums erkauft.

Erst nach einer Weile wird uns klar, dass diese von uns sorgfältig eingerichtete Welt der Bequemlichkeit nicht das ist, was wir wirklich wollen. Bequemlichkeit und die Abwesenheit von Schmerz führen nicht zur Erfüllung – tatsächlich bewirken sie oft das Gegenteil. Das entbehrt nicht einer gewissen Ironie. Positive Veränderungen, geistliches Wachstum, Charakterformung und Fortschritte in zwischenmenschlichen Beziehungen erfordern Schmerz, Konflikt oder Spannung als eine Art Treibstoff für die Veränderung. Bei Athleten heißt es: „Ohne Schmerz kein Gewinn" und bei Geschäftsleuten: „Ohne Fleiß kein Preis." Auch im geistlichen Leben gelten diese Grundsätze. Wir müssen erkennen, dass das „Leben im Überfluss", das Jesus seinen Jüngern verspricht (Johannes 10,10), nicht auf dem nach oben führenden Weg der Bequemlichkeit, sondern auf dem Weg nach unten zu finden ist, der mit Herausforderungen, unangenehmen Entscheidungen, schmerzlichem Wachstum und Gehorsam gepflastert ist.

In Johannes 20 wird beschrieben, dass Jesus seinen Jüngern erscheint und ihnen seine von den Nägeln durchbohrten Hände und die Narben in seiner Seite zeigt. Dann spricht er die folgenden Worte: „Ich bringe euch Frieden. Wie der Vater mich gesandt hat, so sende ich nun euch." Scheint das nicht ein seltsamer Widerspruch zu sein? „Ich sende euch, um ein Leben der Verwundungen und des Todes zu führen. Aber macht euch keine Sorgen, Frieden wird euch begleiten."

Es geht um Folgendes: Leben im Überfluss bedeutet nicht das Vermeiden des Schmerzes, sondern vielmehr den Mut, durch den Schmerz zu gehen. Der Weg nach unten schneidet tief ein. Es geht nicht so sehr darum, wie viel Geld wir weggeben, sondern darum, wie viel wir von uns selbst geben – wie viel wir von der Fehlerhaftigkeit und den Ausschweifungen unseres Lebens auszureißen bereit sind. Diese Haltung ist von Charakterstärke geprägt. Und ohne Schmerz können wir charakterlich nicht wachsen.

Als Jesus auf dieser Erde lebte, hatte er einen Blick für die Charakterfehler der Menschen und bemühte sich, diese zu korrigieren. Er hielt den Leuten ständig einen Spiegel vor, in dem sie Habsucht, Stolz, Unehrlichkeit und Unmoral erkennen konnten. Seine Worte riefen häufig Unbehagen und Schuldbewusstsein hervor. Es war nicht leicht, ihn um sich zu haben – und das ist auch heute noch so. In der Bibel zeigt uns Jesus, wer wir sind. Er ruft uns nach wie vor zur Änderung auf, er fordert uns zu der schmerzlichen Anerkennung unserer Unzulänglichkeit und zu harter Arbeit auf.

Das Land der Ödnis oder das große Abenteuer?

Wie reagieren wir, wenn wir von anderen oder durch den Heiligen Geist auf unseren Mangel an Ehrlichkeit, Freundlichkeit oder Moral beziehungsweise auf unsere Selbstsucht hingewiesen werden? Verziehen wir uns in unsere Welt der Bequemlichkeit und des Selbstbetrugs, oder stellen wir uns der Tatsache, dass wir uns ändern und geistlich wachsen müssen? Diese Augenblicke der Entscheidung, wenn uns ganz heiß wird – die Hitze des Heiligen Geistes sorgt dafür –, sind kritische Momente. Sie erfordern eine bewusste Willensentscheidung. Es gibt zwei Möglichkeiten: zurück in die Bequemlichkeit oder nach vorn unter der Leitung des Heiligen Geistes. Der erste Weg erscheint sicher, der zweite riskant. Der erste verlangt wenig, nur Genügsamkeit. Der zweite verlangt alles, voller Vertrauen. Der erste ist bequem und abgesichert. Der zweite ist unbekannt und unsicher.

Wollen Sie sich in der Bequemlichkeit verschanzen oder der Leitung des Geistes folgen? Bevor Sie auf diese Fragen antworten, sollten Sie eines wissen. Es gibt eine trickreiche Antwort oder zumindest eine unerwartete. Die Welt der Bequemlichkeit ist – wie sich herausstellt – gar nicht so beschaulich. Sie entspricht in Wahrheit gar nicht all dem, was man sich darunter vorstellt. Und die Leitung des Heiligen Geistes ist auf der anderen Seite nicht so schmerzvoll. Tatsache ist: Solange wir zulassen, dass die Angst vor Schmerzen oder Versagen uns in unserer Bequemlichkeit festhält, werden wir ständig in den vertrauten Abläufen stecken bleiben – in der Eintönigkeit vorhersehbarer Tage, Monate und Jahre. Wenn wir dagegen bereit sind, unsere Furcht zu überwinden, gilt für uns Gottes Zusage, dass wir im Königreich des Übernatürlichen leben – im täglichen und nicht vorhersehbaren Abenteuer eines vom Heiligen Geist geleiteten Lebens, voller wunderbarer Führungen und Erfahrungen, die wir uns nie hätten vorstellen können.

Es erfordert eine bewusste Willensentscheidung, aus unserem Wohlfühlbereich auszubrechen und den abwärts führenden Weg der Größe zu wählen. Jeden Tag fordert uns der Heilige Geist zur Nachfolge und zum Selbstverzicht auf: um einen Freund anzurufen und zu ermutigen; um mit einem Nachbarn über Christus zu sprechen; um zu dienen; um Zeit mit unserer Familie zu verbringen; um einem Bedürftigen Geld zukommen zu lassen; um eine Beziehung wieder herzustellen; um jemanden um Vergebung zu bitten; um einen Freund vor einer Gefahr zu warnen – um uns selbst zu nichts zu machen, damit wir effektiver lieben können. An diesem Punkt kann es schmerzlich werden. Wenn der Heilige Geist uns dazu auffordert, egoistische Wünsche aufzugeben, uns selbst Unannehmlichkeiten zu bereiten und unsere Bequemlichkeit hinter uns zu lassen, dann birgt diese Aufforderung immer einen Stachel in sich.

Wir lernen einzig und allein, wie man angesichts von Schmerzen weiterkommt, indem wir es erleben. Erst wenn wir dann auch handeln, ergibt unser Ausbrechen aus der Bequemlichkeit einen Sinn. Wenn wir erst einmal anfangen, Schritte des Selbstverzichts zu gehen, dann werden wir entdecken, welche Freude es macht, sich Gottes Willen und Schutz anzuvertrauen. Wir werden erkennen, dass es wirklich Erfüllung bedeutet, andere zu lieben. Das bequeme Leben, das wir planen, ist langweilig und stumpf – im Gegensatz zu dem großen Abenteuer, das Gott für uns bereithält.

Kapitel 5

Dr. Jim Judge – Nach Afrika

„Jim gelangt immer mehr zu der Erkenntnis, dass Sicherheit – echte Sicherheit, die nicht von der richtigen Gestaltung der Umstände abhängt – nur dann möglich ist, wenn man sich nicht darum bemüht, sie festzuhalten. Diese Sicherheit erlangt man vielmehr dadurch, dass man Kontrolle, Pläne und vor allem sich selbst loslässt."

Es beginnt mit der Dämmerung. Schwarze Wolken fegen über den regnerischen Himmel. Der Nebel dringt in das *Rift Valley* in Kenia nahe dem Mount Longonot, einem aktiven Vulkan, und sie stechen im Schwarm durch die Luft, indem sie mit ihren Flügeln einen eintönigen Rhythmus schlagen und während des Flugs immer schneller werden. Und schließlich landen sie, als suchten sie im Garten von Jim Judge den Pharao selbst.

Etwas sollten Sie noch wissen: Dr. Jim Judge liebt es eigentlich, sich abzusichern, zu planen und vorherzusehen, was geschehen wird. Termiten zu beobachten, die mit leisem Geräusch gegen seine Scheibe prallen, gehört nicht gerade zu dem, was er einen angenehmen Abend nennen würde. Nun denken Sie vielleicht, diese Szene, die an die Offenbarung oder an ein Buch von Stephen King erinnert, würde ausreichen, um Jim Judge aus der Fassung zu bringen.

Vielleicht aber auch nicht. Während er seinen Nachtisch – heute Abend sind es Brownies – verzehrt und sich mit seiner ältesten Tochter Emily unterhält, schlägt er mit einer Fliegenklatsche nach den kleinen Biestern.

„Doo-Doo", sagt er und wiederholt immer wieder das Suaheli-Wort für Insekten. „Doo-Doo." Eines der Doo-Doos fällt auf einen Teller.

„Ach du meine Güte, Daddy!"

Es ist lustig. Dr. Jim Judge hat einen langen Weg zurückgelegt, um in diesem Augenblick herzlich zu lachen. Und damit ist nicht nur die geografische Entfernung zwischen den westlichen Vororten von Chicago und dem *Kijabe Medical Center* in Afrika gemeint, sondern auch die unsichtbare und nicht messbare Entfernung in Sprache, Kultur und Geschichte. Es ist offensichtlich: Den größeren Weg hat Jim Judge auf seiner persönlichen Glaubensreise zurückgelegt.

„Ich bin ein Mensch, der es liebt zu planen", erklärt Judge. „Ich gebe Gott gern Entwürfe, mit denen er arbeiten soll." Und doch war es nicht sein Plan, in Afrika zu sein – jedenfalls nicht jetzt. Er allein war ganz sicher nicht der Architekt einer Reihe von Umständen, die dazu geführt haben, dass er mit seiner Familie das Traumhaus in einem wohlhabenden Vorort verkaufte, um sich als Missionar in einem Land auf der anderen Seite der Erdkugel wieder zu finden. Es sieht Jim Judge eigentlich gar nicht ähnlich, ein solches Risiko einzugehen. In den allermeisten Fällen hat er stets so gehandelt, dass er sich abgesichert fühlte.

Aber dann überließ er alles Gott.

Schließlich war er bereit, einen neuen Weg einzuschlagen. Auf diesem Weg lernte er eine ganze Menge über Gehorsam, Hingabe und das Loslassen seines „Bedürfnisses" nach Sicherheit und Komfort.

„Es ist nicht etwa eine Entscheidung, die wir ein für allemal fällen", sagt er. „Es sind vielmehr Hunderte von Entscheidungen, die wir täglich treffen." Er hat in der letzten Zeit immer mehr gelernt, Gott zu vertrauen.

Diese Art des Gehorsams führt zur Freiheit. Zu einer Freiheit, die es sogar möglich macht, mitten in all den „Doo-Doos" zu lachen.

Jim Judge hat etwas Besonderes an sich. Vielleicht sind es die spritzigen Gedankengänge, die sich häufig in Ausbrüchen ungewöhnlicher, fast entwaffnender Worte äußern, mit denen man nicht rechnen würde. Vielleicht ist es die leicht quengelnde Vokalisierung von Worten, wenn er sie langsam durch die Nase ausstößt, als wollte er sie eigentlich festhalten: „Oooh, aaah" – die Vorboten einer Pointe, wenn sein Humor Wellen schlägt. Vielleicht ist es aber auch seine äußere Erscheinung: die fliehende Stirn, die leicht hervorstehen Zähne, ein gewisser Ausdruck in den Augen – die beunruhigende Mischung aus Erwachsenem und Kind und die Spannung zwischen natürlicher Brillanz und dem Bedürfnis, charmant zu sein.

Sein Vater war ein Spektrum-Fotograf; er stellte Instrumente her, die das Lichtspektrum analysierten. Er war brillant. Genau wie Jim. Bei seinem Abschluss an der Highschool hatte er zwei Klassen übersprungen. Aber er fand, dass er nicht so intelligent sei – sein Vater, ein konservativer Mann mit soliden Vorstellungen von Ethik und Integrität, schien so gut wie alles zu wissen. Jims Leben wurde dadurch kompliziert, dass die Familie häufig umzog. Als er die zehnte Klasse besuchte, hatte er bereits zehn verschiedene Schulen hinter sich.

Jim erzählt, dass er stets mit der Ungewissheit zu kämpfen hat. Zwei entscheidende Gründe bewegten ihn zu dem Entschluss, Arzt zu werden. Erstens hatte er endlich etwas gefunden, mit dem sich sein Vater überhaupt nicht auskannte, und zweitens konnte er mit einem sicheren Einkommen rechnen. Er war zwar höchst sensibel veranlagt, aber es war nicht die Nächstenliebe, die ihn zu seiner Berufswahl trieb, und auch Geld oder Status waren nicht ausschlaggebend. Es war vielmehr das Bedürfnis, sich unerschütterlich oder wenigstens akzeptiert zu fühlen.

Er wuchs in den 1960er Jahren auf und beobachtete die kulturelle Revolution als Unbeteiligter. „Ich gehörte zu der Kategorie von Menschen, die zusah, wie andere auf die Nase fielen."

Die meisten seiner Pläne kreisten um die Idee, nichts unbedacht oder leichtsinnig zu tun. Seine Sicherheit hing davon ab, dass er einen klar geplanten Weg ging: nicht zu schnell, scharfe Kurven vermeiden und immer auf der weiten, gepflasterten Straße bleiben. Halte dich an deine Pläne! Doch trotz seiner Bemühungen und Vorsichtsmaßnahmen war er von Unsicherheit geplagt. Er konnte die Diskrepanz in seinem Leben nicht überwinden: Der äußere Schein stimmte nicht mit der Wirklichkeit in seinem Innern überein. Nach außen hin war er das freundliche, bei allen beliebte Mitglied der Ärzteschaft – die Art von Mensch, die mit den schönsten Mädchen ausging. Aber in seinem Innern fühlte er eine immense Unsicherheit.

„Ich lag nachts wach im Bett und machte mir Sorgen über all die Dinge, die möglicherweise schief gehen könnten." Er schlief nie ein, bevor sein Wecker 1:11 Uhr anzeigte. Eine seltsame, ganz eigene Angewohnheit.

Und dann trat plötzlich Gott auf den Plan. Seine Freundin hatte Jesus Christus kennen gelernt. Jim schob das zunächst auf die komischen Zigaretten, die sie rauchte. Als sie ihm erzählte, sie habe eine persönliche Beziehung zu Jesus Christus, lautete Jims Antwort: „Du könntest genauso gut sagen, du hättest eine persönliche Beziehung zu einem Hershey-Schokoladenriegel." Es ergab keinen Sinn, so etwas zu sagen. Jesus war vor 2 000 Jahren gestorben. Er argumentierte, dass es keine Sicherheit versprach, zu einem toten Mann zu beten.

Doch seine Neugier war geweckt. Er stellte bei seiner Freundin echte, tief gehende Veränderungen fest. Er wollte „all dem Unsinn ein Ende setzen" und bat sie, ihm eine Bibel zu geben, damit er „all die Widersprüche aufzeigen" könnte. Er studierte die Bibel sehr sorgfältig, aber er konnte keine Widersprüche entdecken. Tatsächlich war er es, der sich oft widersprüchlich fühlte: „Die Worte sprangen mich regelrecht an." Er ging zur Kirche und fühlte sich stark angesprochen. Schließlich konnte er eines Abends weder schlafen noch studieren, also betete er: „Herr, wenn du Veränderungen bewirkst, dann möchte ich dich in mein Leben aufnehmen; denn ich sehne mich nach Veränderung."

In den nächsten Monaten erlebte er „kleine, aber sehr reale Veränderungen". Er begann, ruhiger zu werden. Nur noch selten sah er die Digitalanzeige seines Weckers auf 1.11 Uhr zugehen.

Draußen vor dem *Kijabe Medical Center* in Kenia fällt das kühle, orangefarbene Morgenlicht auf die Gräber eines Friedhofs. Dr. Jim Judge geht über einen staubigen Weg zur Arbeit. Die Namen der ersten Missionare und ihr kurzes Leben sind in Stein gemeißelt und vermitteln eine Ahnung von Geschichte und von Opfern, die nicht erschüttert werden können.

Der Friedhofswärter heißt Crispus.

„Hallo", begrüßt Jim ihn.

Crispus ist auf einem Auge ganz und auf dem anderen fast blind und muss seinen Kopf vorsichtig zurück und nach rechts bewegen, um zu sehen. Er ist sehr arm.

„Hallo", erwidert er. Seine Worte dringen durch die Feuchtigkeit des Morgens. Während Jim auf das Krankenhaus zugeht, widmet sich Crispus weiter seiner Arbeit mit Axt und Schaufel – auf den Parzellen künftiger Auferstehung.

Dr. Judge betritt das Krankenhaus und macht seine Runde. In den nächsten Stunden wird er Patienten auf verschiedenen Stationen besuchen: Pädiatrie, Entbindungs- und Frühgeborenenstation, Erwachsenenstationen (privat und weniger privat), Ambulanz und Chirurgie. Jim ist einer von vier Ärzten, die regelmäßig im Krankenhaus arbeiten und bis zu 220 Patienten versorgen können. Durchschnittlich 300 Patienten werden täglich in der Ambulanz behandelt.

„Hier wird man Spezialist für alles", erklärt Jim. Er ist Onkologe, Kinderarzt, Gynäkologe, Radiologe, Chirurg – also so ziemlich alles. Neben den Kliniken in Nairobi, die unerschwinglich teuer und mehr als eine Autostunde entfernt sind, bietet das *Kijabe Medical Center* die einzige verlässliche medizinische Versorgung in der Gegend.

Die Flure, in meergrün und erdbeerrot gehalten, sind mit den weißen, zerbrechlichen Flügeln von Termiten bedeckt. Sie sehen aus wie die gemaserten Taumelkäfer, die von manchen Bäumen als Saat verstreut werden. Heute ist ein Tag wie jeder andere – Krankheit und ein wenig Heilung und wieder mehr Krankheit.

Auf Station N der Pädiatrie – einem spärlich eingerichteten Raum mit acht Eisenbetten und Standardbettlaken mit den schwarzen Buchstaben KMC PAED – macht Jim seine Visite. Da ist ein achtjähriges Mädchen, das Würmer erbrochen hat; eine Dreijährige mit schwerer Lungenentzündung; ein zurückgebliebenes Kind im frühen Teenageralter mit einer bakteriellen Infektion in der Herzgegend; ein zehnjähriger Junge, der nur 30 Pfund auf die Waage bringt; ein an Malaria erkranktes Baby und ein zweijähriges Mädchen, das aussieht wie ein sechs Monate altes Baby und wahrscheinlich Aids hat. Mit kühler Verzweiflung gibt Dr. Judge seine Anweisungen: eine Liste von Medikamenten, Tests und Maßnahmen. Eine Spritze für ihn, eine Röntgenaufnahme für sie, eine Blutabnahme, eine Magenspiegelung.

Wenn er es schafft, dann sieht er die Dinge mit den Augen des Klinikarztes. Ansonsten sieht er dies: eine schöne junge Frau, die ihre zweijährige Tochter zärtlich küsst, beide in hellblauer Kleidung und beide mit Aids infiziert; einen Jungen, der keine Nahrung bei sich behalten kann und einsam verhungert; eine Mutter, die ihren zurückgebliebenen Teenager während eines weiteren Anfalls stützt; ein kleines Mädchen mit großen braunen Augen, das sich auf den handgestrickten Pulli mit den zu langen Ärmeln erbricht; ein kleines Mädchen, das um Atem ringt und an Lungenentzündung sterben wird und das mit der angemessenen Technologie wahrscheinlich lange genug hätte leben können, um seine Enkelkinder zu sehen. Und all dies spielt sich in nur einer Abteilung auf einer Etage einer Station ab.

Von Gefühlen übermannt, sagt Jim: „Man muss versuchen, sich selbst zu schützen."

Ganz besonders in diesem Land. Während Jim in der Ambulanz Patienten untersucht, erzählt er von den medizinischen Zuständen in Kenia. In der unmittelbaren Umgebung des *Centers* stirbt eines von vier Kindern im ersten Lebensjahr. Die beiden häufigsten Todesursachen sind Lungenentzündung und Austrocknung. Diese Krankheiten sind größtenteils auf schlechte Trinkwasserqualität und Unterernährung zurückzuführen und wären mit sauberem Trinkwasser und entsprechender Anleitung zu vermeiden. Aber das sind nicht die wirklich schlechten Nachrichten. „Aids" heißt das zentrale Problem. Von den Patienten, die im *Medical Center* untersucht werden, sind mehr als 25 Prozent HIV-positiv. Unter den „Gesunden", die für die Klinik Blut spenden wollen, ist eine von zehn getesteten Personen HIV-positiv. Jim glaubt, dass nach realistischen Schätzungen einer von acht Kenianern den HI-Virus in sich trägt. Man schätzt, dass in den nächsten fünf Jahren mehr als 70 Millionen Menschen in Ost- und Zentralafrika an den Komplikationen der Aids-Erkrankung sterben werden.

„Dies kommt einem Völkermord nahe", sagt Jim. Die explosionsartige Zunahme von Aids hat darüber hinaus das Auftreten anderer Krankheiten erhöht: Tuberkulose, Typhus, Cholera und Lungenentzündung.

Den ganzen Nachmittag über strömen die ambulanten Patienten in das Untersuchungszimmer von Dr. Jim Judge. Ein vierjähriges Kind mit Masern und Lungenentzündung. Eine Frau mit Schmerzen in der Brust, wahrscheinlich Krebs, da ist nicht viel zu machen. Ein kleiner Junge mit einem schlimmen Ekzem hat eine dicke Pilzschicht auf der Haut. Mitten im Ansturm der Krankheiten versucht Dr. Judge, Namen zu behalten.

Zum Beispiel den von Naumi. „Hey, Naumi, kleines Mädchen, wie sieht es aus? Heute geht es dir nicht so gut, oder?" Naumi ist zwei Jahre alt. Sie hat 38,4 Grad Fieber und eine Infektion im Brustbereich, wahrscheinlich Lungenentzündung. Jim muss eine lebenswichtige Entscheidung treffen, eine von Hunderten, die heute noch auf ihn zukommen werden. Soll Naumi in die Klinik eingeliefert werden? Er entscheidet sich dafür, verschreibt Penicillin und ordnet Röntgenaufnahmen der Brust und eine Blutzuckeruntersuchung an. Von einer Krankenschwester gedolmetscht, erklärt er ihrer Mutter, die ihr krankes Kind im Arm wiegt, die Situation.

Nachdem Jim Judge Jesus Christus in sein Leben aufgenommen hatte, änderten sich seine Pläne, denn er begann, Gott in sie einzubeziehen. Doch in gewisser Weise fühlte er einen noch größeren Druck, den richtigen Plan auszuführen. Er hatte nun die zusätzliche Verantwortung, sicherzugehen, dass seine Planungen auch dem Willen Gottes entsprachen. Kontrolle war dabei von wesentlicher Bedeutung.

Es ist nicht verwunderlich, dass Jim nach seiner Entscheidung für Christus darüber nachdachte, seine Studienpläne über Bord zu werfen, um sich zum Pastor ausbilden zu lassen. Er verfolgte diesen Gedanken so ernsthaft, dass er seinem Vater beim Erntedankessen davon erzählte. Als dieser von den Ideen seines Sohnes hörte, regte er sich schrecklich auf. Schließlich erfuhr Jim eine einzigartige Führung Gottes und verwarf diesen Plan, um einen neuen zu verfolgen: den Missionsdienst. Dies geschah ganz „natürlich“. Zunächst kam seine Begeisterung für den Einsatz im Reich Gottes. Er nahm an der Universität von West Virginia an einem Einsatz von „Campus für Christus“ teil. Diese Aktivität wurde spürbar vom Heiligen Geist getragen. Jim wurde in die intensiven Beziehungen eingebunden, die sich durch Evangelisation und Jüngerschaft entwickelten.

Eine der Personen, mit denen er sich anfreundete, war eine junge Frau namens Cindy. Schon bald gingen sie zusammen aus; einige Jahre später heirateten sie.

„Was uns zueinander hinzog“, erklärt Jim, „war unsere Begeisterung für den christlichen Dienst.“ Anfangs kannten sie sich nicht sehr gut. Jim hatte zum Beispiel so gut wie keine Ahnung davon, wie sehr Gott Cindy gebrauchen würde, um Bewegung in sein Leben zu bringen.

Zunächst liebten beide den aktiven Dienst. Cindy, eine ziemlich radikale Persönlichkeit, nahm gern Risiken auf sich. Sie hatte bereits unter Menschen gearbeitet, die sehr heruntergekommen waren und Hilfe benötigten. Für Jim, der aus der oberen Mittelschicht stammte, war dies eine unerwartete und gefährliche Kombination. Risiko und Mitgefühl waren zwei Dinge, die ihn einen großen Teil seiner Sicherheit kosten konnten.

Er wollte nach wie vor nach Gottes Willen handeln. Während seines Medizinstudiums beschäftigte er sich mit dem Gedanken, dass ein Missionseinsatz ja ein logischer Plan für einen christlichen Arzt war.

„Ich ging die Sache sehr verstandesmäßig an“, sagt Jim. „Der Bedarf an Ärzten war in Übersee größer, in den USA gab es genug Mediziner.“ Im vierten Studienjahr und im zweiten Jahr ihrer Ehe machten sich Jim und Cindy zum ersten Mal auf den Weg zu einem Einsatz in Übersee – in Nigeria.

Es lief nicht immer glatt. Von Anfang an war es nicht leicht. Als ihre Boeing 747 um drei Uhr morgens und bei über 40 Grad Celsius auf der Landebahn in Nigeria aufsetzte, schaute Jim aus dem Fenster und sah eine Gruppe von Scheichs in wehenden weißen Gewändern. Als sie aus dem Flugzeug ausgestiegen waren und auf ihr Gepäck warteten, konnte Jim nicht umhin, ihre Säbel zu bemerken.

„Ich dachte, man würde uns gleich an Ort und Stelle töten.“ Es stellte sich heraus, dass die Scheichs ein Begrüßungskomitee für einen hochrangigen Fluggast waren.

Dann erkrankte Jim an Malaria. „Stellen Sie sich die schlimmste Grippe Ihres Lebens plus einen Gehirntumor vor, und Sie wissen, wie ich mich fühlte.“ Trotz schwieriger Erfahrungen erlebten Jim und Cindy, dass ihre Arbeit einen Sinn hatte. Sie ließen die Möglichkeit einer Rückkehr offen und warteten auf Gottes Führung.

Der schmutzige Pfad führt durch die *shambas*, die Farmen auf den Hügeln außerhalb von Kijabe. Jim und Cindy sind mit ihren Kindern Emily, Katie und Jennifer auf einem Spaziergang. Allerdings hat er nicht viel gemein mit den gemütlichen sonntäglichen Spaziergängen, die Sie vermutlich von zu Hause kennen. Es ist Regenzeit, alle Sinne werden angesprochen: Man sieht sattes Grün, atmet den Geruch von Pfirsichen, hört die Glöckchen und das Blöken der Tiere und beobachtet Wolken, die zerrissen werden und sich wieder neu formen. Irgendwo von den Hügeln ertönt Gospelmusik; sie bewegt sich im Rhythmus der Trommeln und die Klänge werfen ihr Echo hinunter in das Tal.

Hier gibt es weder Autos noch Fernsehen, nur Menschen und Tiere. Eine junge Frau in einem leuchtend roten Kleid mit ebenso leuchtendem Halstuch trägt einen Stapel zerbrochenen Holzes auf dem Rücken. Ein Trageseil ist um ihre Stirn gelegt und der Schweiß rinnt ihr über das Gesicht. Emily und Jennifer kichern, doch Katie, die stets sensibel ist, sieht betroffen aus. Dann treffen sie auf einen Jungen mit einem Pulli, auf dem die Comic-Figuren Tom und Jerry abgebildet sind, und auf einen weiteren Jungen unter einem verblichenen weiß-rosa Sonnenschirm, auf dessen Gesicht die Sonne rosafarbene Schatten wirft. Sie sehen Mädchen in hellen, fließenden Kleidern aus roter, gelber und grüner Seide. Und überall sind lebhaftes Gelächter und das Bellen von Hunden zu hören. Das Leben läuft hier nach einem anderen, langsameren Rhythmus ab.

Jim und seine Familie wollen Jane, eine Mitarbeiterin aus der Missionsniederlassung in Kijabe, und ihre fünf Kinder besuchen. Der Weg ist Cindy vertraut. Sie hat Jane geholfen, die Wände ihres Hauses mit Lehm zu verputzen. Das Haus befindet sich auf einem Hügel und ist von Maisfeldern und Himmel umgeben. Am westlichen Standard gemessen stellt das Haus nicht viel dar. Es ist eine Ansammlung von Lehm, Holz und Blech, dekoriert mit alten Kalenderbildern, Seiten aus Bilderbüchern und alten Kirchenzeitschriften. Aber es ist ein Zuhause, ein gutes, ordentliches Zuhause, das seinen Namen verdient, mit einer Regenrinne über der Tür.

Jane ist ganz offensichtlich stolz. Das Haus ist gewissermaßen ein Symbol ihres veränderten Lebens, das zuvor von Tragik und Selbstzerstörung geprägt wurde. Sie hat fünf uneheliche Kinder und Geheimnisse, die sie mit niemandem teilen wollte. Jesus Christus veränderte ihr Leben von Grund auf.

Die beiden Familien sitzen im „Wohnzimmer" am offenen Feuer, auf dem Wasser für *chai*, einen süßen Tee, gekocht wird. Nachdem jeder einen Becher bekommen hat, spricht Jane ein Gebet. Jennifer blinzelt hinter ihren gefalteten Fingern hervor und lächelt. Tausende von Kilometer von zu Hause entfernt, am anderen Ende der Welt – die große Familie von Jesus Christus.

1981 nahm Dr. Jim Judge die Arbeit in einer Gemeinschaftspraxis mit zwölf weiteren Ärzten auf. Er entwickelte schon bald einen neuen

Plan. Er wollte drei Jahre lang in der Praxis arbeiten und dann erneut als Missionsarzt in Übersee tätig sein. Obwohl er seine Arbeit liebte, sah er sie nicht immer als echten Dienst im Reich Gottes. 1983 hatten die Judges die Möglichkeit, nach Afrika zurückzukehren – in einem kenianischen Zentrum für medizinische Versorgung wurde für einen kurzen Zeitraum ein Arzt benötigt. Mit ihren vier und zwei Jahre alten Töchtern und der im sechsten Monat schwangeren Cindy flogen sie zum ersten Mal nach Kijabe. Sie blieben rund drei Monate und sie liebten die Arbeit.

Zurück in den USA, rechnete Jim damit, dass Gott ihm jeden Augenblick die Richtung für sein Leben klarmachen würde. Aber Gott schwieg. Zurückblickend fragt sich Jim, worauf er damals wartete. Ein Zettel am Kühlschrank? Eine nächtliche Vision? Er wurde ärgerlich. Im Laufe des nächsten Jahres wurde Jims Beziehung zu Gott durch das schleichende Gift der Enttäuschung ausgehöhlt.

Einige Jahre lang waren die Judges in wichtige christliche Aktivitäten eingebunden. Jim predigte in der Gemeinde und gehörte bald zu deren leitenden Mitarbeitern. Doch im Laufe der Zeit hatten Jim und Cindy den Eindruck, dass ihr einst lebendiger und von Begeisterung geprägter Glaube zu einem bloßen Lebensstil wurde. Ihre Gemeinde maß zwar der biblischen Lehre einen hohen Stellenwert bei, drehte sich jedoch in erster Linie um sich selbst. Das Feuer der Evangelisation, das Jim und Cindy zusammengeschweißt hatte, fehlte ihnen.

Die Judges begannen, langsam, fast unmerklich in Materialismus und Geschäftigkeit hineinzuschlittern. Ihre Argumentation lautete mehr oder weniger unbewusst: Wenn Gott von ihnen erwartete, dass sie die Gute Nachricht in die wohlhabenden Vororte brachten, dann mussten sie sich dort anpassen. Oder: „Ein größeres Haus ist eine Investition; wir müssen eines kaufen, wenn wir gute Verwalter sein wollen." Sie gebrauchten sogar ihre Steuerklasse als „Entschuldigung" für ihren Lebensstil.

Die Judges kauften ein großes, altes Haus. Gemessen am Standard ihrer Gemeinde, war es nicht das Nonplusultra, aber doch recht komfortabel. So oder ähnlich dachten sie. Schon bald kämpfte Cindy gegen Erschöpfung an – das Haus schien ihre ganze Energie zu verbrauchen. Bei Jim war es der Swimmingpool, „Pool" ganz groß geschrieben. Wie in einem Alptraum nach einer Kurzgeschichte von

Edgar Allan Poe stellte der Pool ständig Anforderungen: „Gib mir Chlor; nimm die Blätter heraus; verändere meine chemische Zusammensetzung.“ Es gab tatsächlich ganze Monate, in denen die Familie es nicht wagte, sich von zu Hause zu entfernen, weil man sich um den Pool kümmern musste. Es wurde langsam lächerlich. „Wenn ich 70 Jahre alt wäre, würde man sich dann vor allem daran erinnern, wie gut ich den Pool gepflegt habe?“

Das Telefon klingelt. Jim Judge muss sich um einen Notfall kümmern. Naumi, dem kleinen Mädchen, das er mit Lungenentzündung ins Krankenhaus aufgenommen hat, geht es nicht gut. Er sollte besser hingehen und nachschauen. Als Jim bei ihr ankommt, ist Naumi ganz still, nur ihr mühsames Atmen ist zu hören. Es scheint, als wolle sie jede nur verfügbare Energie für den nächsten Atemzug aufbewahren. Das Fieber ist nun auf 39,7 Grad gestiegen. Naumis Zustand ist ernst. Jim betrachtet die Röntgenaufnahmen, wertet den Bluttest aus und ordnet eine Spritze, Sauerstoff und eine noch höhere Dosis Penicillin an. Er befürchtet, dass Naumi zusätzlich Malaria haben könnte, doch auf Grund mangelnder technischer Mittel ist keine eindeutige Diagnose möglich. Jim entschließt sich, auch eine Malariabehandlung zu beginnen.

An diesem Punkt fängt die Sache an, Jim Judge zu schaffen zu machen. Wenn dieses Kind in den USA wäre, würde es nicht sterben. Hier gibt es keine Garantien.

„Man nimmt die Kinder mit allem unter Beschuss, was zur Verfügung steht.“ In Afrika folgen Krankheiten einem einfachen Schema: „Jede Krankheit, die man hier sieht, ist der schlimmste Fall, mit dem man je konfrontiert wurde“, erklärt Jim. „Die Kinder sind immer am schlimmsten dran.“

Jim sitzt auf Bett Q4 in der Pädiatrie und erklärt Naumis Eltern den Zustand ihrer Tochter. „Die Lungenentzündung ist sehr schwer. Wir müssen intensiv beten, dass die Medikamente anschlagen.“ Bevor er geht, lehnt er sich über das kleine Mädchen und flüstert: „Atme nur weiter, Naumi, das ist alles, was wir wollen.“

Zweimal in dieser Nacht wacht Jim auf und starrt an die Decke, bevor er hört, dass es Naumi besser geht.

Jim Judge kann nicht mit Sicherheit sagen, wann es passierte. Vielleicht eines Abends, als er sich um den Pool kümmerte. Vielleicht passierte es auch nicht auf einmal, sondern immer wieder, wie der Refrain eines Liedes, der im Ohr hängen bleibt. Doch am wahrscheinlichsten ist wohl, dass es noch immer passiert. Wie auch immer: Jim gelangte immer mehr zu der Erkenntnis, dass Sicherheit – echte Sicherheit, die nicht von der richtigen Gestaltung der Umstände abhängt – nur möglich ist, wenn man sich nicht darum bemüht, sie festzuhalten. Diese Sicherheit erlangt man vielmehr dadurch, dass man Kontrolle, Pläne und vor allem sich selbst loslässt.

Jim begann, einige Erkenntnisse zu machen, die hart für ihn waren. Er hatte sich so sehr darauf versteift, Gottes Willen herauszufinden, dass er Gott selbst oft aus dem Blick verloren hatte. Vor lauter Angst, sein Leben zu verschwenden, hatte er vermutlich einige Gelegenheiten nicht wahrgenommen. In seinem Bemühen, „es" zu finden – diese ganz spezielle Aufgabe, die Gott irgendwo in der Zukunft für ihn bereithielt –, hatte er häufig den Blick für „sie" verloren – die Menschen, die Gott Tag für Tag in sein Leben schickte.

„Schließlich musste ich an einen Punkt kommen, an dem ich zuließ, dass Gott mit meinem Leben tat, was er wollte", sagt Jim. „Er sollte die Führung übernehmen, nicht ich. Ich musste dieser Führung Tag für Tag und Minute für Minute folgen." Es war der Entschluss, hier und jetzt zu leben. Für Jim, dem Kontrolle so wichtig war, bedeutete dies einen Schritt des Vertrauens und des Gehorsams.

Im Leben der Judges begannen sich bemerkenswerte Dinge zu ereignen. Viele Möglichkeiten zu aktivem christlichen Dienst taten sich in Jims Arztpraxis auf – er wurde mit großen Schwierigkeiten konfrontiert, bei denen es um Menschen ging, deren Ehe, Finanzen und Leben außer Kontrolle geraten waren. Jim begann zu erkennen, dass sich hinter all dem Glanz des wohlhabenden Vorortlebens tiefe Bedürfnisse verbargen, die den Problemen in Afrika in ihrer Intensität in nichts nachstanden. Hier ging es um nichts weniger als um seelische Heilung.

Im Laufe der Zeit wurden sich die Judges außerdem bewusst, wie sehr ihr eigenes Leben geistlich ausgehöhlt war. Sie spürten beide das Bedürfnis, wie früher mit Menschen in Kontakt zu treten, die Gott nicht kannten und keine Hoffnung hatten. Gott lenkte ihren Weg in eine Gemeinde, die ein Herz für Nichtchristen hatte, und während der ersten drei oder vier Monate weinten sie in jedem Gottesdienst „Tränen der Freude". Sie genossen die Qualität, Vielfalt und Betonung der geistlichen Gaben und die tiefe Liebe zu Menschen, die weit von Gott entfernt lebten.

„Diese Menschen lebten so, als sei die Gemeinde das Allerwichtigste auf der Welt", erklärt Jim. Ihr Glaube, der immer mehr zu einem Lebensstil geworden war, wurde neu entfacht.

Es gab auch andere Veränderungen, manche davon waren schmerzlich. Sie beschlossen, ihr Haus zu verkaufen. Ein kleineres Haus ohne Pool (!) würde ihnen mehr Zeit und Energie für andere Dinge lassen.

Im November 1989 predigte der Pastor ihrer Gemeinde über Christen, die einen hohen Preis zahlen, um zu dienen. Diese Worte blieben in Jims Kopf haften. Manchmal wachte er nachts auf und dachte daran. Ungefähr zur gleichen Zeit hörte er von einem Freund, dass das *Kijabe Medical Center* in Kenia verzweifelt einen Arzt suchte, der für ein Jahr eine Stelle übernehmen würde. Ob er daran interessiert wäre, ein Jahr lang dort zu arbeiten? Das würde bedeuten, dass er sein Haus verkaufen, ohne Entlohnung arbeiten, seine Frau und seine Kinder aus ihrer gewohnten Umgebung und ihrem Leben herausreißen und in einem medizinischen Versorgungszentrum in einem Land arbeiten müsste, das mit Aids verseucht war.

Wie sich herausstellte, war das Timing perfekt.

Dr. Jim Judge sucht nach Affen. Auf einem steilen, grünen Hügel in Afrika steht er ganz still, schaut zu den Bäumen hinauf und versucht, der Blickrichtung seiner ältesten Tochter zu folgen, die nach oben zeigt.

„Ich dachte, da hätte sich etwas bewegt", meint sie. Falscher Alarm, wieder einmal.

„Nun", sagt Jim, „wenigstens machen wir so einen Spaziergang durchs Land." So haben Vater und Tochter Zeit, gemeinsame Aktivitäten zu unternehmen, an die sie sich später immer werden erinnern können.

Eine neue in einer ganzen Reihe von Erinnerungen. Was als Akt des Gehorsams und als riskantes Unternehmen begann, hat sich als eines der besten Jahre im Leben der Judges erwiesen. Sie nennen es ihren „Urlaub“ von ihren christlichen Aktivitäten in den reichen Vororten der USA. Vor allem haben sie ein paar Gänge zurückschalten können, um die Dinge neu zu bewerten und neue Erfahrungen zu machen. Trotz der hier herrschenden Armut und Krankheit haben sie in Afrika eine Menge über die „Krankheiten“ der reichen Vororte gelernt. Die Menschen in Afrika haben ihnen Lektionen über Gemeinschaft, Schönheit und einfache Freuden beigebracht.

Von ihrem Garten aus haben sie über das *Rift Valley* hinweg die nächtlichen Feuer auf dem Mount Longonot beobachtet – orange vor schwarzem Hintergrund, die jährliche Vorbereitung für die beginnende Aussaat. Sie haben Safaris mitgemacht und einen Leoparden in einem Baum und Tausende von Flamingos am Ufer gesehen, die wie eine überirdische weiße Linie wirkten. Sie haben einen Gottesdienst in Gilgal besucht, bei dem kleine Jungen auf Tierhäuten den Rhythmus geschlagen haben. Sie haben ein Wochenende mit Angehörigen des afrikanischen Stamms der Massai verbracht, und sie haben einen Sonnenaufgang erlebt, der das Wasser purpurrot gefärbt hat. Sie haben Leid und Armut gesehen, Mütter, die ihre toten Kinder in den Armen halten, und sie haben begriffen, was es heißt, privilegiert zu sein. Sie haben einmal mehr verstanden, dass es im Leben darum geht zu geben und nicht darum zu bekommen – dass es darum geht, Erfahrungen zu machen, statt durch das Leben zu rasen. Sie haben Gott und die Menschen neu schätzen gelernt.

Es hat sich herausgestellt, dass die Risiken im Vergleich mit der Belohnung völlig nichtig waren.

„Ich wollte meinen Kindern etwas bieten, an das sie sich ihr ganzes Leben lang erinnern können“, sagt Jim. „Ich wollte, dass sie etwas Solides erleben, auf das sie zurückblicken und über das sie lachen können. Ich möchte, dass sie ihren Kindern von ihrem verrückten Vater erzählen, der ihr Haus verkaufte, alles in eine Kiste packte und die ganze Familie für ein Jahr nach Afrika schleppte. Ich wollte, dass sie nicht nur von der Abhängigkeit ihrer Eltern von Gott hören, sondern dass sie wirklich ein Beispiel für einen dramatischen Glaubensschritt erleben. Ich wollte ein Terrain, auf dem sie Gottes Wirken und die Segnungen des Glaubens sehen können.“

Auf einem steilen, grünen Hügel in Afrika haben es Jim und Emily aufgegeben, nach Affen Ausschau zu halten. Es hat zu regnen begonnen und dann folgt ein richtiger Platzregen. Sie rutschen den Hang hinunter, manchmal mit den Füßen zuerst und manchmal kopfüber. Sie halten sich aneinander fest und sind über und über mit Wasser und Schlamm bedeckt. Ihr fröhliches Gelächter ist weithin zu hören.

Teil IV

Dienstbereitschaft

Kapitel 6

Liebe voller Überraschungen

„Er gab es willig auf und wurde einem Sklaven gleich.“

Philipper 2,7

Ich wusste von dem Mann eigentlich nicht mehr als das, was ich über ihn gelesen hatte. Sein Leben endete auf tragische Weise. Als er starb, wog sein über 1,90 Meter großer Körper nur noch 120 Pfund. Sein gesamter Körper hatte jegliche Farbe verloren, sogar seine Lippen. Seine Haare, sein Bart und seine Nägel waren schrecklich lang und ungepflegt. Die meisten seiner Zähne waren nur noch schwarze, verfaulte Stumpen. Seitlich an seinem Kopf war eine rötliche Geschwulst zu erkennen, die durch die wenigen grauen Haarsträhnen hindurchkam. Auf seinen Armen und Oberschenkeln und in der Leistengegend waren Einstichspuren zu sehen. Er war ein Junkie, der sich täglich einen Schuss von 20 Gramm gesetzt hatte, und manchmal sogar das Drei- oder Vierfache. Seine Augen waren die meiste Zeit leblos gewesen, doch hin und wieder hatten sie aus ihren tiefen Höhlen mit überraschender und beängstigender Intensität geleuchtet.

Dieser Mann wurde einst von einer ganzen Generation beneidet. Während seines Lebens hatte er alles gehabt – Macht, Geld, Berühmtheit und uneingeschränkte Vergnügungen. Er besaß bedeutende Dinge und unbedeutende Menschen. Er gab sich voll und ganz dem persönlichen Genuss hin. „Wenn je ein Mensch alles besaß, um wirklich zufrieden zu sein“, so lautete die Meinung der neidischen Öffentlichkeit, „dann war es Howard Hughes.“

Ich kannte die Frau eigentlich nicht, ich hatte sie nur ein paar Mal in einer kleinen Gemeinde in Michigan gesehen. Sie hatte wirklich nichts besonders Auffälliges an sich. Sie half freiwillig in der Gemeindeküche mit – eine ältere Frau von durchschnittlicher Größe und Erscheinung, konservativ gekleidet. Ich fand sie in zweierlei Hinsicht bemerkenswert: Erstens war sie in der Erfüllung ihrer Aufgabe sehr konsequent und treu – jedes Mal, wenn ich die Gemeinde besuchte, stand sie in der Küche. Und zweitens hatte sie auffallende Augen: Sie leuchteten mit überraschender Intensität.

Diese Frau wurde nur von wenigen wahrgenommen und mit Sicherheit beneidete sie niemand. Ich vermute, dass sie nur wenig von dem aufzuweisen hatte, was in unserer Gesellschaft zählt – Geld, Berühmtheit, Macht und Besitz. Nach ihrer Kleidung zu urteilen, besaß sie wenig und gab viel. Sie lebte im Schatten des Dienstes an anderen. „Wenn es je einen Menschen gab, der zu bedauern ist", würden die Menschen sagen, „dann ist es diese Frau." Ich weiß noch nicht einmal, wie sie heißt. Aber ich erinnere mich an ihr Lächeln. Sie strahlte Freude aus.

In dieser Welt gibt es ganz unterschiedliche Arten von Menschen. Es gibt solche, die Hunde mögen, und andere, die Katzen bevorzugen. Wir nennen sie Hunde- oder Katzenliebhaber. Es gibt Menschen, die den Swimmingpool bevorzugen, und solche, die lieber an den Strand gehen. Es gibt Morgenmenschen und Nachtmenschen. Kaffeetrinker und Teetrinker. Man könnte die Liste endlos fortsetzen. Die Menschen sind von einer enormen Vielfalt mit einem ganzen Kaleidoskop an unterschiedlichen Interessen, unterschiedlichen Temperamenten und unterschiedlichem Aussehen.

Doch inmitten dieser Vielfalt gibt es einen roten Faden, der uns alle verbindet, ein Interesse, das wir alle teilen: das Interesse an uns selbst. Gleichgültig, auf welchem Kontinent oder in welchem politischen System wir leben, egal, welchen wirtschaftlichen Status wir haben und welcher Rasse wir angehören: Alle Menschen haben eine dunkle Seite – die Gier nach dem letzten Stück Kuchen, der Beweggrund für den Dritten Weltkrieg, das ärgerliche Verlangen in unseren Augen. Es heißt: „Ich zuerst". Diese tief verwurzelte Lebensphilosophie setzt Glück mit persönlichem Genuss gleich. Es ist die Überzeugung, dass Macht, Berühmtheit, Geld und Sensationen die Instrumente sind, mit denen wir unseren Erfolg messen können.

Und unsere Gesellschaft feiert diese Haltung. Nie zuvor in der modernen Geschichte wurde es widerspruchsloser akzeptiert, dass man sich in den Vordergrund drängte und mit stolzgeschwellter Brust auf die eigenen Verdienste hinwies. Schließlich ist es unsere Generation, die als „Ich-Generation" bezeichnet wird. In den 1980er Jahren wurde die Gier zu einem regelrechten Götzen. Immer weniger Entscheidungen wurden auf der Grundlage von Werten, Moralvorstellungen und einem Gefühl für Gerechtigkeit getroffen. Stattdessen stand die persönliche Gier im Vordergrund: „Werden meine Bedürfnisse erfüllt? Wird mein sexueller Hunger gestillt? Wird mein Durst nach mehr gelöscht? Wird meine Machtgier befriedigt?" Das entscheidende Wort lautete „mein". Unser Vorbild war nicht länger Mutter Teresa, sondern Madonna. Die Botschaft war klar: „Genieße und strebe nach grenzenlosem Vergnügen." Die Selbstsucht wurde nicht nur toleriert, sondern aktiv gefördert und vorangetrieben. Ganze Industriebranchen, wie zum Beispiel die Werbeindustrie, schossen auf diesem fruchtbaren Boden der Ichbezogenheit in die Höhe. Immer wieder haben wir diese eine Lektion gelernt: „Je mehr ich habe, desto besser für mich. Der Rest der Welt ist mir egal."

Das blieb nicht ohne Auswirkungen. Diese „Ich zuerst"-Philosophie hat unsere Gesellschaft an den Rand des Zusammenbruchs gebracht. Realitätsflucht, Perversion, Aids, ungewollte Schwangerschaften, Gewalt, politische Skandale und zerrüttete Familien sind allesamt Symptome unserer modernen Krankheit – der Besessenheit vom eigenen Ich.

Ein verloren gegangener Begriff

Eine Möglichkeit, den Puls einer Gesellschaft zu fühlen, ist die Analyse ihres Vokabulars. Die Bedeutung und der Wertgehalt von Worten verändern sich im Laufe und im Wandel der Zeit. Nehmen wir zum Beispiel das Wort „Diener". Bevor es zu einem akzeptierten Lebensstil wurde, sich über alles zu beschweren, wurde es als Ehre aufgefasst, jemandem zu dienen. Es gab nichts Edleres, als aus Liebe für die Bedürfnisse anderer zu sorgen. Doch in einer Kultur, die Selbstverwirklichung und Individualität Vorschub leistet, ist der Begriff „Diener" praktisch aus unserem Wortschatz verschwunden. Die Abendnachrichten berichten ständig über Personen, die voller Selbstbewusstsein auf ihre individuellen Rechte pochen. Hin und wieder wird am Ende einer Nachrichtensendung eine *human interest story* gesendet, die über Menschen berichtet, die sich ganz in den Dienst an anderen stellen. Was dabei auffällt, ist nicht die Tatsache, dass solche Menschen gezeigt werden, sondern dass Menschen mit einer dienenden Haltung – solche, die nicht im Eigeninteresse handeln – gewissermaßen als Kuriositäten präsentiert werden.

Wir erkennen nur allmählich das volle Ausmaß dieser Problematik. Menschen, die bereit sind, durch den Nebel ihrer Selbstsucht zu dringen, können erkennen, dass die Umrisse ihres Fundaments bröckeln. Langsam werden wir uns darüber klar, dass die Dinge, die dem Leben wahre Bedeutung verleihen – unsere Werte, unser Sinn für Gemeinschaft, unsere Ganzheit –, genau die Dinge sind, die wir zerstört haben. Wir „finden" uns selbst und zu unserer Überraschung finden wir uns in Schwierigkeiten wieder. Wir geraten ins Wanken, fühlen uns einsam und bemühen uns, unser Leben vor dem Absturz ins Chaos zu bewahren. Wir stellen fest, dass reines Eigeninteresse am Ende zur Selbstzerstörung führt.

Göttliche Logik

Veränderungen sind möglich, doch nur langsam. Tief verwurzelte „Ich zuerst"-Muster – ganz abgesehen von unserer ohnehin sündhaften Natur – werden in den seltensten Fällen über Nacht durchbrochen. Es wundert nicht, dass Jesus enorm viel Zeit und Mühe aufwandte, um seinen Anhängern eine neue Lebensart zu vermitteln. Die Sprache, die er dabei verwendete, war seltsam, fast so, als hätte er die übliche Verwendung von Begriffen umgekehrt: „Meins" wurde zu „eurem", „bekommen" wurde zu „geben" und ein „Leiter" wurde zum „Diener".

Die Gespräche, die Jesus mit seinen Jüngern führte, waren manchmal verwirrend – es war, als würden zwei Menschen in unterschiedlichen Sprachen miteinander reden. Dies galt besonders für seine Gespräche mit Petrus. So sehr er sich auch bemühte, Petrus schien Jesus oft falsch zu verstehen. Jesus sagte: „Königreich" und Petrus hörte: „Herrschaft“. Jesus sagte: „Bleibt standhaft“ und Petrus verstand: „Kämpft“. Das Problem waren ihre gegensätzlichen Perspektiven: der Unterschied zwischen menschlichem Verständnis und göttlicher Weisheit.

Im 8. Kapitel des Markus-Evangeliums wird dies sehr deutlich: Jesus hatte seinen Jüngern gerade erzählt, dass er leiden und sterben würde – er hatte die herrschenden Machtstrukturen angegriffen und nun würde er dafür zahlen müssen. Petrus wehrte sich dagegen. Er wies den Sohn Gottes zurecht und sagte ihm mit deutlichen Worten, dass sein Tod eine Verschwendung von Weisheit, Leben und Autorität wäre. Es konnte doch nicht sein, dass Jesus zulassen sollte, dass das Evangelium als schmachvolle Inschrift auf einem Grabstein enden würde.

In diesem Dialog wird deutlich, dass Petrus ein mutiger Mann war: Es ist nicht gerade eine Kleinigkeit, dem Sohn Gottes gegenüberzutreten. Doch Jesus wusste genau, dass sein Mut weniger auf Charakterstärke als vielmehr auf Leidenschaft und Unwissenheit zurückzuführen war. Petrus war ein armer Fischer, der am See Genesaret unter Mühen seinen Lebensunterhalt bestritt. Er verfügte über viel Energie, aber nur kleine Träume. Er wurde von seinem Temperament angetrieben, doch wozu? Und dann trat Jesus in sein Leben. Plötzlich wurde Petrus' Welt, ja sein Leben verändert. Endlich hatte er etwas gefunden, das seiner Leidenschaft entsprach. Schließlich hatte er sich nicht auf irgendwen, sondern auf den Sohn Gottes eingelassen – auf Gott selbst. Petrus fing nicht länger kleine Fische. Er war die rechte Hand eines Wunderheilers, eines radikalen Revolutionärs. Petrus war absolut davon überzeugt, dass er sich einem Mann angeschlossen hatte, der die Welt verändern würde. Petrus wusste nicht genau, wie Jesus das tun würde, aber er glaubte fest daran, dass dieser einen großen Plan hatte – und zugleich war er sich sicher, dass ein vorzeitiger Tod nicht Bestandteil dieses Plans war. Jesu Reden über seinen Tod war Unsinn – jemand musste ihn wieder auf die richtige Spur bringen.

Jesus reagierte auf eine Weise, mit der Petrus nie gerechnet hätte. Er antwortete sofort und mit einer Heftigkeit, die Petrus tief erschütterte: Er nannte ihn „Satan“, den Feind Gottes. Die Worte Jesu zeugen von Frust und Müdigkeit. Jahrelang hatte er versucht, seinen Jüngern beizubringen, dass die „Ich zuerst“-Haltung nicht zum wahren Leben führt.

„Ich bin gekommen, um zu dienen", hatte er ihnen immer und immer wieder erklärt. „Ich bin nicht gekommen, um an den Fäden der Macht zu ziehen oder andere um einer Sache willen zu Marionetten zu machen. Ich bin gekommen, um mich selbst zu opfern." Sein ganzes Leben war eine Demonstration von Dienstbereitschaft, Selbstlosigkeit und Liebe. Sein Tod würde das äußerste Beispiel seiner Liebe sein, und er wollte, dass seine Jünger dies begriffen – vor allem Petrus, seine rechte Hand.

Doch Petrus, genau wie die anderen und wie wir, konzentrierte sich weiterhin auf seinen eigenen Plan. Er wollte, was Jesus wollte – solange es ihn nicht seine „Ich zuerst"-Haltung kostete. Trotz der Bemühungen Jesu war Petrus noch immer tief im Wertesystem der Welt verwurzelt, in dem es um Macht, Aufstieg und Privilegien ging. Als Jesus erklärte, dass er sterben würde, um anderen zu dienen, kümmerte sich Petrus keinen Deut um Gottes Heilsplan. Er spürte nur den Schmerz in seinem Innern angesichts des plötzlich drohenden Verlustes seines Freundes und des Lebenssinns, den er mit ihm gefunden hatte. Seine Interessen, nicht die Interessen Gottes, standen für ihn im Mittelpunkt.

Petrus' Verhalten illustriert die Langlebigkeit und Zähigkeit der „Ich zuerst"-Haltung. Es handelt sich nicht einfach um ein Beziehungsproblem, eine leichte psychologische Milieustörung oder eine Auswirkung fehlerhafter Erziehung. Es gibt keine Medizin dagegen, man kann diese Haltung auch nicht durch eine Psychotherapie überwinden oder ihr durch Biofeedback entfliehen. Jesus sagt uns, dass es sich um eine Krankheit handelt, die ihren Ursprung in der Hölle hat und die tief in unserem menschlichen Herzen verwurzelt ist. Ohne radikale Maßnahmen wird sie unser Leben austrocknen und verhindern, dass wir wahre Erfüllung finden – sie wird uns unsere ewige Seele kosten.

Die einzige ausreichend radikale Maßnahme ist der Tod. Der Tod des eigenen Ich. Die „Ich zuerst"-Haltung muss gekreuzigt werden. Jesus wies immer wieder darauf hin, wenn jemand ihm nachfolgen wolle, solle er sich selbst verleugnen, sein Kreuz aufnehmen und sein Leben verlieren. Was ist mit einem solchen Sterben gemeint? Es bedeutet, dass wir unser Leben freiwillig loslassen und es in die Liebe und den Dienst für Gott und unsere Mitmenschen stellen.

Doch an dieser Stelle wird die menschliche Logik erneut verdreht, wir stoßen auf ein weiteres göttliches Paradoxon. Das Sterben des eigenen Ich, das Loslassen und Dienen, bringt uns unmittelbar das, was wir uns am meisten wünschen: tiefe persönliche Befriedigung. Die erste Person, die mir diese radikale Einsicht vermittelt hat, war einer meiner College-Professoren.

„Erfüllung", sagte er mit seinem ausgeprägten französischen Akzent, „kommt niemals durch das Streben nach dem persönlichen Genuss."

Ich erinnere mich noch gut daran, wie ich damals im Klassenzimmer saß und mir der kalte Schweiß ausbrach. Seine Worte widersprachen allem, was ich bis dahin gelernt hatte.

„Wenn Sie wirklich leben wollen, dann geben Sie sich selbst Gott und anderen hin. Widmen Sie sich dem treuen und demütigen Dienst an anderen und Sie werden Freude finden."

Aufgepasst, Petrus!

Es fällt uns schwer, diese Botschaft zu verstehen. Petrus und die übrigen Jünger verstanden sie erst, als Jesus gestorben war. Das hinderte Jesus jedoch nicht daran, dieses zentrale Thema immer wieder anzusprechen. Während seiner letzten Mahlzeit mit seinen Jüngern vermittelte er seine wohl wichtigste Lektion über die Bedeutung des liebevollen Dienstes an anderen.

Erneut waren Jesus und Petrus die Protagonisten der Geschichte. Hintergrund war der Saal im Obergeschoss eines Hauses, in dem Jesus seine Jünger versammelt hatte, um das Passah-Mahl zu feiern. Ein Jünger nach dem anderen traf im Saal ein. Jeder stellte fest, dass niemand da war, um nach damaligem Brauch ihre schmutzigen Füße zu waschen. Schmutzige Füße und niedrige Tische waren eine schlechte Kombination; jede Person, die etwas auf sich hielt und Gäste zum Essen einlud, hatte einen Diener zur Hand, der diese Aufgabe erfüllte. Als die Jünger eintraten, fragten sie sich, was zu tun sei. Wer würde ihnen die Füße waschen? Warum hatte Jesus nicht dafür gesorgt, dass eine von seinen Anhängerinnen diese Geste ausführte? Keiner von ihnen war bereit, sich zu erniedrigen, um den anderen die Füße zu waschen. Vermutlich kam es ihnen gar nicht in den Sinn.

Schließlich legten sich alle mit ungewaschenen Füßen an den Tisch. Als das Essen serviert wurde, entstand eine Diskussion darüber, wer von ihnen der Größte sei. Jesus war unendlich traurig. Seine engsten Anhänger sprachen mit schmutzigen Füßen über persönliche Größe. Sie strebten nach Ehre, ohne sie zu verdienen. *Ist denn niemand hier,* so fragte er sich, *der einem Bruder dienen will? Ist die Liebe, die sie gelernt haben, so kurzsichtig und so wenig zum Geben bereit?*

Als Jesus sein Oberkleid auszog und sich das Handtuch eines Dieners umwickelte, was empfand er da wohl? Unerträglichen Schmerz, Bedauern, Kummer? Wusch er die Füße seiner Jünger mit seinen Tränen? Jesus versuchte, während der ganzen Zeit, in der er sich um die Ausbreitung des Reiches Gottes bemühte, in seinen Jüngern eine Haltung der Demut und Dienstbereitschaft zu wecken, und nun – bei dieser letzten Zusammenkunft vor seinem Tod – war niemand bereit, auch nur den kleinsten Akt der Liebe zu vollbringen. Sie unterhielten sich über Größe und hatten offensichtlich keine Ahnung, was dies wirklich bedeutete.

Jesus ging von Jünger zu Jünger, wusch und trocknete jedem die Füße. Schließlich kam er zu Petrus. Wie zu erwarten, gab es ein Missverständnis.

Petrus war ganz aufgeregt und sagte: „Nein, Jesus, niemals wirst du meine Füße waschen.“ Er konnte es nicht ertragen, dass der Sohn Gottes sich so tief herabließ.

Erneut hob die Antwort Jesu die Bedeutung des Dienens hervor: „Wenn ich dich nicht wasche, hast du keinen Anteil an mir.“

Darauf erwiderte Petrus, in seiner typisch extremen Art: „Dann wasche mich ganz.“

Ich kann mir richtig vorstellen, wie Jesus ihn an der Schulter rüttelte: „Pass auf, Petrus. Höre – und höre diesmal wirklich zu –, was ich dir sagen will. Schau dir meine Hände an. Sieh dir an, was sie tun. Lass die Bedeutung dieser Geste ganz tief in dich dringen und dein Herz mit Verständnis füllen. Erst wenn du diese Lektion begreifst, kannst du mir wirklich nachfolgen. Sonst kannst du keinen Anteil an meinem Heilsplan haben. Du musst lernen, ein Diener zu sein. Ein Diener.“

Was sollte Jesus noch tun, damit seine Jünger die Botschaft verstanden? Was würde sie dazu bringen, endlich selbst aktiv zu werden? Wie weit musste er gehen, um ihnen vorzuleben, was Dienstbereitschaft wirklich ist? Sein nachfolgendes Handeln zeigte, wie weit er zu gehen bereit war. Er nahm das Brot, brach es und sagte: „Dies ist mein Leib, der für euch gebrochen wird." Und dann nahm er den Wein und sagte: „Dies ist mein Blut, das für euch vergossen wird."

Einige Stunden später würde er in einem Akt des äußersten Dienens am Kreuz sterben. Die Nägel in seinen Händen und Füßen würden die Botschaft endlich überbringen.

Kapitel 7

Angie Garber – Als 80-Jährige in einem Navajo-Reservat

„Wenn man jemanden liebt, dann hat man gar nicht das Gefühl, ihm zu dienen."

Hinter dem Haus von Angie Garber, das sich hinter dem Spielplatz der *Brethren Navajo Mission* in New Mexico befindet, gibt es einen Friedhof. Mitten in der Einöde fallen dem Betrachter die Blumen ins Auge. Der Betrachter ist nicht so sehr überrascht darüber, dass er in dem braunen Dreck unerwartet Farbtupfer entdeckt, sondern empfindet vielmehr ein Gefühl der Vergänglichkeit.

In der Nähe der Frontseite des Friedhofs wurde der Boden vor kurzem umgegraben und ein Stückchen Schönheit macht sich breit: ein trauriger und zugleich strahlender Garten. Ein paar Meter weiter lässt dieses Strahlen nach – die Blumen werden spärlicher, sind größtenteils aus Plastik und die einzelnen Gräber lassen sich kaum voneinander unterscheiden. Nur kleine Andeutungen sind noch erkennbar – ein zersplittertes Holzkreuz, ein oder zwei Buchstaben auf einem zerbrochenen Stein, eine verwelkte Blume. Das Verblassen der Gräber geht schleichend und leise, aber dennoch deutlich erkennbar vor sich. Gräber, Blumen, Erinnerungen – alles vergeht, Staub zu Staub.

Erst gestern wurde hier ein weiterer Navajo-Indianer begraben. Angie weiß Bescheid; sie kann ständig das verzweifelte Wehklagen hören. Dieses Land, der heilige Boden der Navajos, zeigt keine Gnade.

An einem Morgen kurz vor Weihnachten fährt Angie Garber mit ihrem blauen Datsun-Lieferwagen durch die Einöde, eine grau-orangefarbene Spur hinter sich lassend. Sie macht das, was sie nach eigenen Angaben am liebsten tut. Sie weist auf die Häuser der Navajos, die größtenteils aus Matsch, Lehm und Holz gezimmert wurden, und singt: „Diese Welt, diese Welt ist nicht mein Zuhause; diese Welt ist nicht mein Ruheplatz …“ Sie unterbricht ihren Gesang und zeigt zum Horizont. „Dort drüben lebt ein alter Medizinmann. Manchmal möchte er, dass ich zu ihm herüberkomme, damit wir Geschichten austauschen können.“

Angie Garber, die beinahe 80 Jahre alt ist, ist eine Frau mit vielen Geschichten. Als Farmerstochter aus Iowa blieb sie zu Hause, um sich lange Jahre um ihre psychisch labile Mutter zu kümmern. Sie erkrankte an Kinderlähmung – so erzählt sie – und konnte nicht wie die anderen aufs College gehen. Sie hat nie geheiratet. Mit 38 Jahren besuchte sie ein theologisches Seminar in Indiana und wurde gebeten, an einer Missionsschule in einem Indianerreservat in New Mexico zu unterrichten. Da sie nichts anderes zu tun hatte und als Kind James Fenimore Cooper gelesen hatte, beschloss sie, der Aufforderung nachzukommen.

Seit mehr als vier Jahrzehnten lebt sie nun in einem winzigen schmutzig-weißen Haus mit drei Räumen: einer Kombination aus Küche und Wohnzimmer (das nicht groß genug ist, um ein Sofa hineinzustellen), einem Schlafzimmer, das gerade groß genug für ein einzelnes Bett ist, und einem Badezimmer. Sie hat einen *Norge deluxe*-Kühlschrank, der wie ein kleines Flugzeug brummt.

Sie spricht von ihren kleinen Reichtümern: einer kleinen Orgel, auf der sie Kirchenlieder spielt, einem tragbaren Radio mit einem etwas krachendem Lautsprecher, um J. Vernon McGee zu hören, und einem kleinen zementierten Teich mit einem Goldfisch im Vorgarten. Zum Dank für ihren 40-jährigen Dienst im Reservat bekam sie kürzlich ein Fernsehgerät, das erste ihres Lebens.

Materielle Dinge standen in ihrem Leben niemals im Mittelpunkt. „Ich möchte keine Besitztümer haben“, sagt sie. „Wenn man Gegenstände liebt, dann gebraucht man Menschen. Es ist mir nicht wichtig, Dinge für mein Haus zu bekommen. Ich habe genug, mehr als genug. Die Bibel sagt, wir sollen mit Nahrung und Kleidung zufrieden sein.“ Lachend fügt sie hinzu: „Und mit einem bisschen Benzin für meinen Lieferwagen.“

Angie lebt größtenteils von der Welt abgeschnitten. Die nächstgelegene Andeutung einer Zivilisation ist die Stadt Cuba, ein kleines, ausgemergeltes Dorf am Highway 44, rund 30 Meilen von der Missionsstation entfernt. Dort gibt es eine Tankstelle, wo man bei jedem Tankstopp kostenlos duschen darf.

Während ihr Lieferwagen über schmutzige Straßen an verschlungenen Zederzypressen und griesgrämigen, halb verhungerten *piñons* vorüberfährt, beklagt sie sich nicht. Ab und zu plagt sie ein Aufflackern von Arthritis und hin und wieder macht ihr der Rücken zu schaffen, nichts Ernstes.

Doch auch Angie hat ihre Sorgen, zum Beispiel den Matsch, der die Straße blockiert.

„Da drüben wohnt eine Frau, die ich schon eine Weile nicht mehr gesehen habe“, erklärt sie, während sie den Motor ihres Lieferwagens hochjagt. „Ich will mich vergewissern, dass es ihr gut geht.“ Während der Matsch zur Seite spritzt, erzählt Angie schon wieder eine andere Geschichte; darin geht es um einen Witz über Navajos, die auf dem Mond leben. „Wenn der weiße Mann kommt“, so lautet die Pointe, „gib ihm kein Land.“

Angie hat ein besonderes Lachen. Es ist ansteckend, es rollt sich über ihre Worte, und mittendrin ist Kummer zu spüren. Gott hat kein leichtes Leben für sie gewählt. Sie trägt aufgeputzte Hauben und weint bei Kirchenliedern, doch sie ist keine ängstliche Schwester. Sie ist vielmehr eine charakterstarke Frau, und das muss sie auch sein: Sie verjagt Hunde mit einem Besen, startet ihren Lieferwagen durch und hält unverrückbar an ihren Überzeugungen fest.

„Als ich zum ersten Mal hierhin kam, um zu dienen“, sagt sie, „dachte ich, dies sei der trostloseste Ort der Welt. Ich nannte es eine Wüste.“

Nun, mit ihrem frisch vom Matsch beschmutzten Lieferwagen, nennt sie den Ort eine Oase. Die Frau, nach der Angie schauen wollte, eine allein stehende Witwe, ist wohlauf. Sie läuft auf Angie zu, umarmt sie und nennt sie ihre Schwester in Christus.

Angie sitzt in einer Lehmhütte am Feuer und liest aus einer Bibel in Navajo-Sprache vor. Ein alter, metrischer, beinahe hypnotisierender Rhythmus erfüllt den Raum. Sie liest die Weihnachtsgeschichte.

Angie ist mit ein paar Lebensmitteln und Kleidern vorbeigekommen. Draußen heult der Wind, knirschend mit Schnee und Sand, und reißt feine Risse in die Wände. Ein Baby weint und ein Panasonic-Radio pulsiert mit den Stimmen der Welt – irgendjemand singt etwas über den Ruhm der Liebe.

Dieses aus nur einem Raum bestehende Haus gibt nicht viel her: Es gibt einen Tisch (ein Brett, das auf Milchkisten liegt), ein Bett (ein Feldbett mit einer Matratze und kaputten Sprungfedern), verstreute Bratpfannen und Kleider und einen kleinen, humpelnden braunen Hund. An der Wand thront ein Kalender von *Montoya's Dry Goods* – ein Foto mit einem schneebedeckten Berg, ganz in blau, friedlich und vollkommen.

Während Angie ihre Lektüre unterbricht und das Baby zu beruhigen versucht, sitzt eine Navajo-Frau mit einem Gesicht, das so rau und kantig ist wie das Land, lauschend daneben. Sie hat ein krankes Herz. Ihr Mann sitzt neben ihr, er liest eine comicähnliche Broschüre und hat sich auf seinem Stuhl zurückgelehnt. Angie ist nicht zum ersten Mal hier. Sie weiß, dass sich die Familie nicht wirklich für das interessiert, was sie zu sagen hat.

Sofern kein Wunder geschieht, wird diese Frau bald sterben und ihr Mann wird ohne Hoffnung zurückbleiben und die Kinder aufziehen.

Eines hat Angie auf jeden Fall gelernt: Dieses Land ist hart und oft ohne Hoffnung. Und es ist eben dieses Land, das Außenstehenden die Grundlagen bietet, um die Navajo-Indianer zu verstehen. Auf den ersten Blick ist es eine Einöde – durstig, nie bezwungen und einsam. Doch wenn man tiefer schaut, dann entdeckt man in den Gräbern der Vorfahren und in den plötzlichen Stürmen, die Feuer und Wasser über die Einöde fegen, ein Mysterium und bekommt ein Gespür für etwas, das man nicht mit Worten beschreiben kann.

Angie sagt: „Irgendetwas sorgt dafür, dass man von diesem Land angezogen, ja gepackt wird."

Wenn man einen Navajo fragt, warum er oder sie im Reservat bleibt, dann lautet die Antwort fast immer: „Wir sind Indianer; wir sind Navajos. Dies ist unser Land." Sie leben seit ewigen Zeiten hier.

Für die Navajos ist das Land heilig, es ist ein Geschenk Gottes. Und doch bietet dieses Land sehr wenig. Es gibt nur wenige Jobs. Die meisten Navajos erhalten Unterstützung von der amerikanischen Regierung.

Dieses Land befindet sich zwischen zwei Welten und einer unbeständigen Reihe von Widersprüchen: Anbindung an die Geschichte und das Bedürfnis nach einer Zukunft, Stolz und Umstände, die die Kraft aufzehren, Unabhängigkeit und Unterwerfung. Die Navajos sind von Natur aus sanft und leben in einer unbequemen Welt der Unruhe und Langeweile. Ganz allmählich ist die „Welt“ in die Gemeinschaft der Navajos eingesickert, während traditionelle Werte stark bleiben und nur langsam verloren gehen. Diese Konflikte haben ein Vakuum und einen Identitätsverlust mit sich gebracht. Alkohol- und Drogenkonsum haben im Reservat seuchenartige Ausmaße angenommen. Viele Religionen – von den Zeugen Jehovas bis zum Meskalin-Drogen-Kult – sind hier eingedrungen. In dieser verwirrenden Vielfalt miteinander im Wettstreit liegender Werte ist es schwierig geworden, die Wahrheit herauszufiltern.

Selbst die Liebe hat ihre Grenzen. Angie erklärt, dass gelebter Dienst keine Garantien beinhaltet. Während ihrer Jahrzehnte im Reservat hat Angie nur vergleichsweise wenige Menschen gesehen, die eine lebensverändernde Beziehung mit Jesus Christus aufgebaut haben. Drei kleine Kirchen wurden eingerichtet, doch selbst auf so heiligem Boden ist es beinahe unmöglich, aufrichtigen Glauben von leeren Worten zu unterscheiden.

Angie sagt: „Ich glaube, dass niemand wirklich weiß, wie viele Einheimische ihr Leben tatsächlich Jesus Christus anvertraut haben.“

In dieser Umgebung hat Angie gelernt, dass persönlicher Wert und Sinn einzig und allein aus der Beziehung mit Jesus Christus zu schöpfen sind.

„Man muss den Blick auf Gott gerichtet halten, man darf einfach nicht umherblicken. Die Freude muss von Gott kommen. Es geht nicht darum, wie viele Menschen hier zu Gott finden oder nicht, sondern das Entscheidende ist: Schlägt mein Herz für Gott? Wenn man Gott nicht liebt, dann kann man hier nicht arbeiten und dienen.“

Angie hat gelernt, dass Liebe nur dann echte Liebe ist, wenn sie keine Bedingungen kennt. Sie muss aus der Dankbarkeit entspringen, nicht aus den persönlichen Bedürfnissen, die befriedigt werden wollen. Liebe verlangt eine ganze Menge, genau genommen alles.

Aus diesem Grund klettert sie seit 30 Jahren beinahe jeden Morgen in ihren Lieferwagen, um die Menschen zu besuchen, die in der Umgebung leben und die sie lieb gewonnen hat – und nur überschwemmte Straßen oder Rückenschmerzen können sie daran hindern. Sie betrachtet sich nicht länger als Missionarin. Sie würde sich eher als ihre Freundin bezeichnen.

„Ich bin lange genug hier draußen", berichtet Angie, „um den Kindern von ihren Großeltern zu erzählen. Sie wissen, dass ich hierhin gehöre. Ich bin schon so lange hier, ich habe den Kummer und die Freuden dieser Menschen geteilt. Man teilt das Leben mit ihnen."

Wenn dies in Ihren Ohren romantisch oder edel klingt, dann haben Sie eine falsche Vorstellung von Angies Leben. Größtenteils ist es Routine, Beiläufigkeit, oft mit Schmerzen verbunden. Heute fährt Angie an einem Haus vorbei, das ein Bild der Verwüstung bietet. Sie erzählt die Geschichte eines kleinen Navajo-Jungen, den sie während ihrer ersten Jahre im Reservat unterrichtet hat. Der Junge war einer ihrer Lieblingsschüler; er war klein und zerbrechlich und hing sehr an Angie. Schon früh bekannte er sich dazu, dass er Christ war. Angie blieb während der gesamten Schulzeit, seiner Hochzeit und bis zur Geburt seines ersten Kindes in engem Kontakt mit ihm. Dann begann seine Frau zu trinken und starb schließlich in einem Zustand sinnloser Betrunkenheit. Der junge Mann war von dem Schmerz dieses Verlustes überwältigt und begann ebenfalls zu trinken. Er hat bis heute nicht vom Alkohol gelassen und lebt nun mit einer anderen Frau zusammen.

Angie könnte eine Geschichte nach der anderen erzählen. Liebe schließt Sorge mit ein.

„Nur ein gebrochenes Herz kann wirklich lieben", erklärt sie. „Wenn man den Kummer der anderen nicht teilen kann, dann fehlt es an Liebe."

Doch trotz des damit verbundenen Schmerzes ist die Liebe für Angie der einzige Wert, dem sie ihr Leben weihen wollte.

„Christus ruft uns auf zu lieben", sagt Angie. „Es ist diese großartige Sache – die Liebe –, die er von uns erwartet. Wenn man jemanden liebt, dann wird man für ihn zum Segen, und man hat gar nicht das Gefühl, ihm zu dienen. Es ist so wichtig, für die anderen zu sorgen und ihnen zu zeigen, dass man sich um sie sorgt. Dann werden sie dir auch zuhören.

Es gibt noch einen anderen wichtigen Aspekt der Liebe", fügt sie hinzu. „Liebe ist wie eine Opfergabe. Sie ist voller Überraschungen."

„Man wird so sehr belohnt“, sagt Angie, während sie wieder einmal von ihrem Sitz herunterspringt. „Wenn man andere liebt, dann wird man von ihnen als ihresgleichen aufgenommen. Es ist immer etwas Besonderes, geliebt zu werden. Das Beste an der Liebe ist das Wissen, dass Gott in dir und durch dich am Werk ist. Die Menschen lieben dich nicht, weil du so wundervoll bist, sondern weil du zu Jesus Christus gehörst. Sie können durch dich sehen, wie er ist.“

Angie geht – vom kalten Wind und von vielen Jahren gebeugt – durch eine kleine Tür in einem Zaun in einen Garten. Ein Mann namens Ben bearbeitet den gefrorenen Boden, sein Gesicht ist unter einer breiten Hutkrempe verborgen – eine Gestalt vor dem Hintergrund eines schwarzen Himmels. Der Frühling ist noch Monate entfernt. Wenn es etwas gibt, das die Navajos sehr gut kennen, dann ist es ihr Land. Sie wissen, dass ein guter Garten entsprechend vorbereitet werden muss.

Sie gehen gemeinsam auf eine Veranda, die mit gesammelten Gegenständen bedeckt ist: getrockneten Blumen, Knochen, Steinen … Dinge, die ihm viel bedeuten und mit Erinnerungen verbunden sind. Während im Hintergrund ein Teekessel summt, beginnt Angie, aus ihrer Bibel in der Navajo-Sprache vorzulesen. Sie hält mitten in einem Vers inne und sagt: „Hier wird gesagt, dass Jesus derjenige ist, der zu uns herunterkam. Haben Sie je darüber nachgedacht, was das bedeutet?“ Der Mann nickt und Angie fährt fort: „Wir können nicht wirklich verstehen, was es bedeutet, dass Jesus auf die Erde kam und uns seine Liebe zeigte.“

Ben ist alt; sein Gesicht ist vom Kummer gezeichnet, dem Saatgut, das den Charakter formt. Er lächelt leicht. Angie erzählt, dass sein Leben von der Liebe Gottes verändert wurde. Erst vor ein paar Jahren, nachdem er eine Gefängnisstrafe für den Mord an seiner Frau verbüßt hatte, kam er zum Glauben an Jesus Christus.

„Ich kann eine solche Liebe nicht verstehen“, sagt Ben und schüttelt den Kopf. Angie, die mehr als vier Jahrzehnte in dieser Einöde gelebt hat, liest weiter aus Gottes Wort vor.

Teil V

Demut

Kapitel 8

Die Hackordnung

„Im Gehorsam gegen Gott erniedrigte er sich so tief …“

Philipper 2,8

Nehmen Sie zehn beliebige Hühner, stecken Sie sie in ein Gehege und streuen Sie ein wenig Futter aus. Schon nach kurzer Zeit werden Sie ein überraschendes Phänomen beobachten können. Innerhalb von wenigen Minuten werden die Hühner, die sich zuvor völlig fremd waren, eine Hierarchie aufbauen, die auf dem Grundsatz der Dominanz beruht. Man kann es auch einfacher ausdrücken: Sie werden eine Hackordnung aufstellen. Anhand einer Reihe kleiner Gefechte werden sie instinktiv festlegen, welches Huhn die Nummer 1 sein wird; danach Nummer 2 und so weiter bis zum unglücklichen Huhn Nummer 10.

Bei diesem Tanz um die Dominanz steht viel auf dem Spiel. Huhn Nummer 1 hackt nach Huhn Nummer 2 und schüchtert es ein, ohne dafür bestraft zu werden. Huhn Nummer 2 erträgt zwar die Behandlung durch Huhn Nummer 1, wendet sich aber an Huhn Nummer 3 und hackt nach diesem; Nummer 3 wiederum lässt seinen Frust an Huhn Nummer 4 aus. Diese Hackordnung setzt sich fort bis zu Huhn Nummer 10, das natürlich ein sehr unglückliches Schicksal hat: Man hackt auf ihm herum, aber es selbst hat niemanden, auf den es einhacken könnte.

Vor kurzem wurde ich zu einem Mittagessen zu Ehren eines Bankpräsidenten eingeladen. Eine solche Einladung ist für mich eher eine Ausnahme, aber dieser Mann besuchte unsere Gemeinde seit mehreren Monaten, und ich ergriff die Gelegenheit, um ihn besser kennen zu lernen. Als ich aus meinem Auto stieg, beglückwünschte ich mich selbst dafür, dass ich daran gedacht hatte, ein Sportsakko mitzubringen. Doch dieser Stolz war nur von kurzer Dauer. Alle Anwesenden waren perfekt formell gekleidet: dunkle Anzüge, gestärkte weiße Hemden, goldene Manschettenknöpfe und rote Krawatten. Als man die Butter herumreichte, hätte man meinen können, dass man sich in einem Werbespot für Rolex-Uhren befand.

Ich saß mit neun weiteren Männern an einem Tisch, gute Kunden der Bank und mir vollkommen fremd. Bald setzte eine Unterhaltung ein. Das Gespräch drehte sich größtenteils um folgende Themen: wo wir arbeiteten, wie viel Umsatz unser Unternehmen machte und wie viele Menschen für uns tätig waren. Wir scharrten gewissermaßen mit den Füßen im Boden und plusterten unsere Federn auf. Es machte keinen großen Unterschied, dass der Boden nicht schmutzig, sondern mit einem weichen Teppich ausgelegt war, und anstatt der Federn zeigte man teure Anzüge und Gold. Es gab keinen Zweifel: Wir prüften einander, großspurig und „gackernd“, um herauszufinden, wo jeder Einzelne von uns stand. Die Hackordnung.

20 Minuten später war ich – bekleidet mit meinem Sportsakko und mit meiner Timex-Uhr am Handgelenk – ziemlich sicher, wo ich hingehörte. Man musste nicht Einstein sein, um zu wissen, wer Huhn Nummer 10 war.

Die Versuchung liegt nahe, dieses Vorkommnis als singuläres Ereignis abzutun und zu behaupten, die Hackordnung sei nur in wenigen exklusiven Kreisen anzutreffen. Doch Sie und ich wissen es besser. Diese und ähnliche Situationen kommen überall vor: bei Sportveranstaltungen, Partys, Klassentreffen, Familienpicknicks. Und in der Gemeinde. Während einer vor kurzem abgehaltenen Pastorenkonferenz drehte sich bei einem Mittagessen der größte Teil der Gespräche um folgende drei Fragen: „Wie viele Menschen besuchen Ihre Gemeinde? Wie hoch ist Ihr Budget? Wie viele Mitarbeiter haben Sie?“ Selbst Pastoren versuchen, eine Hackordnung aufzustellen. Tatsächlich ist niemand gegen diese Krankheit immun. Fast alle von uns beäugen den Beruf, die Bildung, die Garderobe, die Autos und die Häuser anderer Menschen, um sie auf dieser Grundlage in die Hackordnung einzuordnen. Wir messen einander durch sorgfältiges Berechnen.

Es mag ganz harmlos aussehen. „Das ist nur ein unschuldiges, kleines Spiel“, sagen Sie. „Das hat doch keine Bedeutung.“ Doch, es hat Bedeutung. In der ganzen Angelegenheit spielt etwas mit, das ganz tief im menschlichen Herzen steckt und durchaus nicht unschuldig ist. Es geht hier nicht um ein kleines Gedankenspiel. Für die meisten von uns ist es eine ernsthafte – und gefährliche – Angelegenheit, wenn wir unbewusst versuchen, eine Hackordnung zu entwickeln und herauszufinden, wo unser Platz in dieser Ordnung ist. Unsere Beziehung zu anderen Menschen hängt entscheidend davon ab. Wir neigen von Natur aus dazu, die in der Hackordnung über uns Stehenden mit Bewunderung, Herzlichkeit und Ehrerbietung zu behandeln (selbst solche, die wir insgeheim beneiden oder verachten). Den unter uns Stehenden begegnen wir eher mit mangelnder Sensibilität, Gefühllosigkeit oder sogar Geringschätzung.

Das ist verständlich. Hackordnungen bieten uns – wie der Name schon sagt – eine gewisse Ordnung in unserem Leben. In einer Welt voller Chaos ist es ein angenehmes Gefühl zu wissen, wo unser Platz ist. Wenn wir die Struktur kennen, dann wissen wir, wann und wo wir zu kämpfen haben. Wir wissen, wann wir akzeptieren müssen, dass man nach uns hackt – der Schmerz wird dann mit Würde ertragen –, und wann wir von unserem Recht Gebrauch machen und noch ein wenig ärger zurückhacken sollten.

Wir finden Etiketten angemessen, denn sie liefern uns Aufschluss über den Rang des Betreffenden: Management/Arbeiterklasse; Mittelklasse/untere Klasse; Universitätsabschluss/Studienabbruch. Wir orientieren uns an Titeln und Zahlen und anderen Indikatoren. Wir achten auf Schmuck und Abzeichen und Designerkleidung. Diese Informationen helfen uns, andere Menschen und uns selbst einzuordnen. Sobald wir die Hackordnung kennen, wissen wir, was von uns erwartet wird.

Es ist einfach so

Die dramatischste Form der Hackordnung ist der offenkundige Anblick. Kürzlich war ich als Sprecher auf einer Konferenz eingeladen. Bei dieser Gelegenheit sah ich Martina Navratilova das Hotel betreten, in dem die Konferenz stattfand. Sie hätten sehen sollen, wie die Türen vor ihr aufgerissen wurden, wie die Fahrstühle extra für sie angehalten wurden und wie der Restaurantchef ihr sofort einen Platz anwies.

Vor einigen Jahren nahmen meine Frau und ich an einem Abendessen teil, bei dem Henry Kissinger als Ehrengast anwesend war. Es war erstaunlich zu sehen, mit welchem Respekt dieser Mann behandelt wurde. Wenn er nach einem Stück Brot griff, langten gleich mehrere Hände nach der Butterschale, wetteifernd um die Ehre, sie Kissinger hinüberzureichen.

Ein solches Verhalten ist scheinbar instinktiv. Navratilova und Kissinger gelten in der Hackordnung als „wichtige Personen". Es ist ganz natürlich, dass wir ihnen Respekt zollen. So läuft es nun mal. Wenn der Unternehmenschef um einen Gefallen bittet, wird man ihm diesen Wunsch erfüllen. Wenn ein VIP, ein Besitzer von etwas Besonderem oder ein Superstar auf der Bildfläche erscheinen, dann folgen wir dem Reflex, diese Personen bevorzugt zu behandeln. Wir benötigen nicht viel mehr als ein Fingerschnippen, um in Aktion zu treten.

Doch was passiert, wenn der Pförtner unseres Unternehmens uns um fünf Minuten unserer Zeit bittet? Oder wenn die allein stehende Mutter von nebenan erneut um einen kleinen Gefallen bittet? Oder wenn der Teenager, der unseren Rasen mäht, uns um Rat bittet? Wie reagieren wir dann? Das hängt wahrscheinlich von unserer Laune ab oder davon, wie oft diese Person uns schon zuvor um etwas gebeten hat. Die Hackordnung gibt uns diese Art der Flexibilität. Menschen, die in Bezug auf den Beruf, das Geld, die Kleidung, das Haus, die Talente oder was auch immer „unter" uns stehen, erhalten von uns ein Gähnen: „Ach, du bist es nur." Ehrerbietung ist eine Sache der Entscheidung. Wir zeigen nur Interesse, wenn wir dazu veranlasst werden. Häufig stellen wir folgende Berechung an: „Ist diese Sache es wert, dass ich meine Zeit, mein Geld oder meine Kraft dafür einsetze?"

Genauso funktioniert das System. Wir behaupten nicht, dass die Hackordnung ohne Vorurteile ist. Sie belastet sich nicht mit der Frage nach „richtig" oder „falsch". Sie ist einfach so. So wie ein Chef mit unangefochtener Autorität herrscht, befasst sich die Hackordnung nicht mit möglichen Alternativen. Wenn Sie in dieser Welt leben wollen, dann müssen Sie ihre Regeln beherzigen. Ob es gut oder schlecht ist, so läuft es eben.

Ansprüche kontra Demut

In der gesamten Geschichte war niemand ein qualifizierterer Kandidat für die Spitze der Hackordnung als Jesus Christus. Denken Sie einmal darüber nach. Er besaß und schuf alles und jeden. Alle Rolex-Uhren, alle Porsche-Wagen, alle Firmenchefs und Rockbands, sämtliche Macht und Autorität, alle Weisheit. Er hätte jede Karriere ergreifen können – Business, Politik, Sport, Medizin – und wäre überragend gewesen. Er hatte das Zeug dazu. Die Hackordnung hätte in seiner Hand gelegen – er wäre die Nummer 1 unter sämtlichen Einsen, der absolute König gewesen.

Doch Jesus Christus hasste die Hackordnung. Tatsächlich brachte er seinen gesamten aktiven Dienst damit zu, an ihren Grundfesten zu rütteln. Er ergriff jede Gelegenheit, um die Hackordnung auf den Kopf zu stellen. Menschen, die an der Spitze standen – die religiösen Führer Israels –, wurden oft scharf von ihm kritisiert. Er nannte sie Heuchler, getünchte Gräber, die äußerlich schön aussehen, aber innen voller Knochen sind, und Schlangen. Er klagte sie an, die Witwen zu berauben und ständig den eigenen Vorteil zu suchen. In einer Gesellschaft, die einer fremden politischen Macht unterworfen war und in der es keine Superstars gab, waren die religiösen Führer wohl die wichtigsten, mächtigsten und am meisten respektierten Leute in Israel, und sie waren fest davon überzeugt, dass ihnen große Ehre zustand. Doch Jesus schätzte sie gering. Er verachtete die Hackordnung.

Jesus machte klar, dass das Problem die Schwerpunkte waren, die die religiösen Führer gewählt hatten. Sie konzentrierten sich auf das Äußere – wie sie auf andere wirkten, was andere von ihnen dachten. Daher schätzten sie die beeindruckenden Gebetsrituale und die für sie reservierten bevorzugten Plätze in der Synagoge. Sie liebten ihre besonderen Gewänder und die Art und Weise, wie die einfachen Leute zu ihnen aufsahen. Sie hatten einen Berg von Äußerlichkeiten und dadurch eine trennende Mauer errichtet. Sie gebrauchten ihre Titel und Quasten als sichtbare Zeichen dafür, dass es einen Unterschied zwischen „uns“ und „ihnen“ gab. Und „wir“ waren natürlich weitaus besser als „sie“. Sie sahen das Leben aus der Sicht der Ansprüche.

Es überrascht uns nicht, dass die Funken stoben, als Jesus mit den religiösen Führern zusammentraf. Jesus brauchte keine Äußerlichkeiten. Er hatte ja freiwillig auf alles verzichtet: auf seinen Titel als Eigentümer und Schöpfer, seine Position zur Rechten des Thrones Gottes und die Ehre, vom Kosmos angebetet zu werden. Um der Liebe willen und um trennende Wände einzureißen, machte Jesus sich von allen äußeren Ansprüchen los und wurde so anspruchsvoll wie ein nacktes, in einer Krippe geborenes Baby.

Die Haltung Jesu war von tiefer Demut geprägt. Er war nicht zu dieser Demut berufen; als Gottes Sohn hatte er ein klares Anrecht auf seine Titel, seine Position und die Anbetung. Doch wir haben bereits gesehen, dass „er nicht daran festhielt, zu sein wie Gott". Er wollte stattdessen mit den Menschen auf einer Ebene verkehren. Während die damaligen religiösen Führer die Trennung zwischen ihnen und dem „gewöhnlichen Volk" genossen, strebte Jesus danach, die Hindernisse niederzureißen, selbst die Hindernisse in Verbindung mit seinen göttlichen Rechten. Demut war das Herzstück seiner Philosophie. In den meisten Fällen nutzte er seine Macht für die Machtlosen, zeigte seine Liebe denen, die nicht geliebt wurden, und diente solchen, die dafür keine Gegenleistung bringen konnten. Mit bezeichnender Unbeirrbarkeit wies er immer wieder die Hackordnung zurück, die auf festgelegten Verhaltensweisen basierte.

Selbst in unserer Welt

Durch sein Leben, seine Worte und Taten machte Jesus deutlich, dass die Hackordnung nicht nur in sich falsch, sondern die Definition des Bösen ist. Durch Demut versuchte er, in das ganze verkommene System eine Bresche zu schlagen. Wenn wir die Evangelien aufmerksam lesen, dann können wir beinahe sehen, wie Jesus nach Gelegenheiten suchte, Menschen, die am alten System hingen, Ärger zu bereiten. Er sagte gewissermaßen: „Du wirst in meinen Augen groß sein, wenn du dem geringsten Menschen in deiner Umgebung in einer dienenden Haltung begegnest. Du wirst in meinen Augen groß sein, wenn du dem Niedrigsten der Niedrigsten dienst, ihn ehrst und respektierst." Er sprach davon, Inhaftierte in Gefängnissen zu besuchen, Waisen und Witwen zu Festessen einzuladen, für die älteren Menschen, die Blinden und Kranken zu sorgen. Er untermauerte seine Worte durch seine Taten: Er heilte Leprakranke, gab Hungrigen zu essen und kümmerte sich um den „Abschaum der Gesellschaft“, wie wir heute sagen würden. Er liebte die schlimmsten Sünder.

Meist konzentrierte er sich auf die Hühner Nummer 8, 9 und 10.

Auf diese Weise riss er Löcher in das Wertesystem dieser Welt. Er war ohne Frage der am meisten im Widerspruch zur herrschenden Kultur lebende Mensch, den es je auf der Erde gab. Er rebellierte gegen das System, das für eine gewisse Ordnung auf dem Planeten sorgte. Jesus lieferte eine schmerzliche Demonstration für die Tatsache, dass Liebe eine reelle Möglichkeit ist, selbst in einer mit Sünde und Vorurteilen verseuchten Welt.

Aber das Schockierendste ist, dass Jesus uns heute auffordert, uns ebenso gegen das herrschende Gesellschaftssystem zu stellen, wie er es getan hat. Er fordert uns auf, in unserer verdrehten Welt, in der es nur darum geht, zu fressen oder gefressen zu werden, Demut und Dienstbereitschaft zu leben. Er sagte, dass man uns als seine Jünger erkennen würde, wenn wir einander lieben. Er hielt keine Fußnote und auch kein Hintertürchen bereit, mit deren Hilfe sich unsere Verantwortung auf die in der Hackordnung über uns Stehenden einschränken ließe. Er forderte uns auf, einander zu lieben. Punkt. Ohne weiteren Kommentar.

Das ist kein leichtes Gebot.

So viel zu Stolz und Vorurteil

In Philipper 2, Vers 3 schreibt Paulus: „Tut nichts aus Zank oder um eitler Ehre willen, sondern in Demut achte einer den andern höher als sich selbst“ (Luther). Die Formulierung „in Demut“ ist dabei von entscheidender Bedeutung, denn sie weist auf eine grundlegende dienende Philosophie hin. Es ist der gleiche Ausgangspunkt, an dem Jesus seine Menschwerdung begann: „Er erniedrigte sich selbst.“ Wenn Jesus, der Sohn Gottes, den Weg der Demut wählte, sollten wir das nicht erst recht tun? Jesus hatte keinen Grund, demütig zu sein; wir dagegen haben allen Grund, uns zu demütigen.

Demut ist auch aus einem anderen entscheidenden Grund von Bedeutung. Die Hackordnung ist auf Stolz und Voreingenommenheit aufgebaut – auf dem Glauben, dass einige von uns besser sind als andere. Demut ist ein Zeichen für Weisheit – die Weisheit zu wissen, dass wir in den Augen Gottes alle gleich sind: durch und durch fehlerhaft, aber dennoch wertvoll. Niemand von uns verdient etwas anderes als die ewige Trennung von Gott – unsere Titel und unser Besitz spielen dabei überhaupt keine Rolle. Keiner von uns kann aus eigener Kraft seine Begnadigung bewirken. Gottes erlösende Gnade ist *per definitionem* völlig unverdient. Und dennoch wird sie allen Menschen kostenlos angeboten. Das Blut Christi wurde für die Massenmörder Jeffrey Dahmer und Adolf Hitler, aber auch für Mutter Teresa und für Sie und mich vergossen.

Solche Gedanken sind die Wurzel der Demut. Gott bietet uns seine Liebe an, ohne Rücksicht darauf, ob wir sie verdienen. Wir sind dazu aufgerufen, ebenfalls auf genau diese Art zu lieben. Oder, wie Paulus es ausdrückt: „[...] in Demut achte einer den andern höher als sich selbst." Können Sie sich irgendetwas vorstellen, das dem System der Hackordnung stärker widerspricht? Können Sie sich vorstellen, was geschehen würde, wenn wir diesen Gedanken wirklich in die Tat umsetzen?

Eine kostspielige Revolution

Die Auswirkungen sind überwältigend. Denken Sie über die Gesellschaft nach. Können Sie sich vorstellen, was auf dem Markt passieren würde, wenn in den einzelnen Unternehmen jeder die anderen wie VIPs behandeln würde? Wenn Vorstandsmitglieder die Schreibkräfte wie ihresgleichen behandeln würden und wenn Unternehmensleiter Nachtwächter mit Ehrerbietung und Respekt begegnen würden? Stellen Sie sich ein politisches System vor, in dem die Politiker sich wirklich um die Menschen kümmern, die sie regieren. Und was könnte aus unserem Bildungssystem werden, wenn alle Lehrer tatsächlich für das Wohlergehen ihrer Schüler tätig wären?

Denken Sie über unsere Ehen nach. Stellen Sie sich vor, ein Ehemann würde aufhören, sich als „Huhn Nummer 1" zu betrachten, der nach seiner Frau picken darf, die diese Behandlung wiederum an den Kindern, dem Hund oder dem Vertreter an der Haustür auslässt.

Können Sie sich vorstellen, was passieren würde, wenn jeder Ehemann sagen würde: „Meine Frau ist eine sehr wichtige Person und ich werde sie ehren, respektieren und ermutigen“? Und wenn die Frau dasselbe über ihren Mann sagen würde?

Eine solche Liebe kann Menschen für den Rest ihres Lebens prägen. Auf jeden Fall werden Sie eine Überraschung, einen positiven Schock erleben, wenn jemand, der in der Hackordnung über Ihnen steht, Sie bevorzugt behandelt. Mein Bruder besuchte neulich ein College-Footballspiel. In der Halbzeit stand er in der Nähe des Ganges, durch den die Spieler auf das Spielfeld laufen. Am Ende des Ganges stand eine Gruppe kleiner Jungen, die ihre Helden aus der Nähe sehen wollten. Als die Spieler auftauchten, rannten alle Spieler an ihnen vorüber, mit Ausnahme von Mark Messner, einem herausragenden Abwehrspieler. Mark blieb einen Moment stehen und ging dann entschlossen auf einen kleinen Jungen zu, der etwas abseits stand. Er nahm ihn in die Arme, drückte ihn und sagte ein paar Worte, bevor er aufs Spielfeld lief. Können Sie sich vorstellen, welche Auswirkungen diese Geste hatte?

Das ist nur ein Einzelfall. Doch stellen Sie sich die Auswirkungen auf das Leben der Menschen vor, wenn wir alle mit Respekt und Aufmerksamkeit behandeln würden. Wie sehr würde es Gott gefallen, wenn wir unseren üblichen Weg verlassen und seine Liebe den weniger Glücklichen, den weniger Privilegierten und den weniger Mächtigen zeigen würden! Stellen Sie sich die Revolution im Beziehungsleben und im geistlichen Leben vor, die auf diese Weise eintreten könnte. Das wird jedoch nur dann geschehen, wenn wir es geschehen lassen. Es ist leicht zu sagen: „Ich werde damit anfangen, wenn ich mehr Zeit habe“, oder: „Nach meiner Beförderung“, oder: „Wenn ich andere das Gleiche tun sehe.“ Doch Liebe funktioniert nicht mit diesen vorgeschobenen Entschuldigungen. Nur durch entschiedenes Handeln treten Veränderungen ein. Die Auswirkungen werden dem Handeln auf dem Fuß folgen.

Doch wir sollten nicht voreilig die Realität ignorieren. Ein solches potenziell revolutionäres Verhalten hat seinen Preis. Man lehnt sich nicht ungestraft gegen etwas so Mächtiges wie die Hackordnung auf. Jeder, der wirklich liebt, lernt den Schmerz der Ablehnung, des Hasses und der Wut kennen. Einige Menschen, besonders solche, die vom etablierten System bevorzugt behandelt werden, sind dem Konzept der bedingungslosen Liebe nicht gerade wohlgesonnen. Paulus musste das am eigenen Leib erfahren. Er zahlte einen hohen Preis für das Verfassen der Verse über die Demut, mit denen wir uns beschäftigt haben. Im Laufe seines Lebens wurde er mehrfach geschlagen, inhaftiert, verlassen und verraten. Und schließlich starb er als Märtyrer.

Denken Sie über das Leben Christi nach. Er verzichtete auf seine göttlichen Rechte und kam in Demut auf diese Erde herab. Mit jedem Atemzug, jedem Wort und jeder Tat lehnte er sich gegen die Hackordnung auf. Er liebte bedingungslos. Und er endete auf einem Hügel außerhalb von Jerusalem, von der Elite des Landes gehasst, gekreuzigt von einem System, das er hatte zerstören wollen, mit einem roh behauenen Schild über seinem blutigen Kopf – der „König der Juden".

Das ist der Platz, zu dem ihn seine Liebe getrieben hatte.

Kapitel 9

Mike Singletary – Mitten im Chaos

„Ich befand mich in einem inneren Gefängnis. Ich war stolz und glaubte, dieser Stolz sei Stärke, doch in Wirklichkeit war es Schwäche. Innerlich lehnte ich mich selbst ab. Ich hatte keinerlei Selbstvertrauen und keinerlei Glauben an mich selbst, und ich konnte mir nicht vorstellen, dass irgendjemand sonst an mich glauben könnte."

Kurz nachdem der Footballspieler Mike Singletary 1986 mit seiner Mannschaft den *Super Bowl* gewonnen hatte, begann er, sich vor der Dunkelheit zu fürchten. Ganz im Ernst: Er ließ nachts beim Schlafen das Licht an.

Tatsächlich wurde sein ganzes Leben von Angst durchflutet. Nun, dies war Mike Singletary, der Spieler der *Chicago Bears,* der für neun *Pro Bowls* nominiert worden war und den Spitznamen „Samurai" trug. Jedenfalls jemand, von dem man nicht erwarten würde, dass er sich zu irgendeinem Zeitpunkt vor Angst verkriechen würde. Doch es war so: Nacht für Nacht wurden ihm die Dunkelheit und die Stille unerträglich.

Die Angst vor dem Spiel hatte ihn kaputtgemacht. Nicht etwa die Angst vor dem Football – er hatte sich schon vor langer Zeit bewiesen, dass er einer der Besten war. Der Abwehrspieler des Jahres. Das Spiel, vor dem er sich fürchtete, war viel subtiler und gefährlicher und der Gegner war er selbst: wild, hochmütig und voller Stolz.

„Ich glaubte wirklich, dass ich sterben würde", sagt er.

Singletary traf auf Singletary, und er wusste nicht, welcher der echte war. Auf der einen Seite war da der Christ Mike Singletary: Er sagte das Richtige, war ein Starathlet, nahe bei Gott, der den anderen etwas vormachte. Und dann gab es den Mike Singletary, der ihn aus dem Spiegel anschaute: muskulös und klein, gefeiert und Mitleid erregend.

Es war wie im Spiegelkabinett eines Vergnügungsparks: Singletary – der echte Singletary –, der nicht seinem Image entsprach.

Sünde verzerrt. Das musste Singletary lernen. Und es gab Sünde in seinem Leben: der Stolz zu glauben, dass seine Leistungen alleine sein Verdienst waren; das Netz der Heuchelei; die Schwierigkeiten, in die man gerät, wenn man sein Leben allein bewältigen will. Und dann gab es noch dieses besondere Fehlverhalten: Während ihrer Verlobungszeit hatte er seine spätere Frau betrogen. So schlimm dies auch war – und die Schuld verzehrte ihn förmlich –, so wusste er doch, dass dies nicht das Schlimmste war: Hinter seiner Fassade hatte er Gott betrogen.

„Ich wollte ein Christ nach meinen eigenen Vorstellungen sein", erklärt er. „Alles musste so laufen, wie ich es wollte, weil ich es so verdiente. Das dachte ich jedenfalls."

Er wusste, dass er etwas unternehmen musste. Aber er sah nur eine große unüberwindliche Mauer vor sich. Herausforderungen haben Singletary nie eingeschüchtert. Was ihm zu schaffen machte, war vielmehr das Unausweichliche: Der stolze Mike Singletary würde sich selbst verlieren müssen.

Die Zeit zwischen den Spielsaisons lässt den Tagesablauf wieder normaler werden und die Zeit kann selbst gestaltet werden. Bestimmte Zeiten sind wichtiger als andere. Ehre oder Wert oder Erfolg werden nur in bestimmten Monaten gemessen. Nicht so bei Mike Singletary. Es ist 6 Uhr morgens an einem Dienstag im April. Er sitzt an einem Tisch im Esszimmer und liest im 2. Buch Mose, Kapitel 29: „Außerdem besprengst du den Altar mit Salböl und machst ihn dadurch heilig. An sieben Tagen sollst du das wiederholen, dann wird der Altar in besonderem Maße heilig sein; jeder Unbefugte, der ihn berührt, wird sterben." Eine Lektion von großer Konsequenz. Singletary ist umgeben von Büchern, die einen entschlossenen Optimismus vermitteln: „Sie können die Person werden, die Sie werden wollen" oder: „Kraft zum Leben". Einige Minuten später trifft sein Trainer und Therapeut ein. Gemeinsam gehen sie in den Keller, wo sich ein Raum befindet, der wie ein Fitness-Studio aussieht. Sie plaudern über das Festessen – „das beste bislang" – und Singletary meint: „Big Al hat wirklich toll gepredigt."

Nun beginnt der mühsame Teil. Heute trainiert Singletary die großen Muskelpartien des Oberkörpers: Klimmzüge, Ruderbank, Drehbewegungen zur Stärkung der Drehmuskulatur, Bauchmuskeltraining. Von Station zu Station geht es, drei Stunden lang wird Muskeltraining gemacht. Dazwischen schnelle Gesprächsfetzen, die beinahe gebellt werden.

Ruderbank. „Wie viele?"

„Drei." Das Gewicht wird verstärkt. „Gib mir eins."

„Das schaffst du leicht."

Nächste Station: Der Medizinball wird unter die Beine geschoben. „Hoch, von einer Seite zur anderen. Nicht so hoch, du drückst mit deinen Ellbogen. So ist es gut."

Nächste Station. Musik dröhnt aus dem Lautsprecher: „Er hat mich erlöst". Auf einem Stuhl liegt die Sportseite der Zeitung von diesem Tag: „Bears schöpfen Hoffnung, wählen Ohio State-Abwehrspieler Alonzo Spellman". Groß und talentiert, ein nicht ausgeschöpftes Potenzial.

„Diesmal doppelt so viel, Mike … 5,6,7,8. Okay, das reicht."

„Nein, ich muss noch mehr schaffen." Für Singletary geht es hier ums Überleben. Harte Arbeit – härter als bei allen anderen – war seine Eintrittskarte zum Erfolg. Von Anfang an hatte er gegen viele Hindernisse anzukämpfen. Er wurde in einer ärmlichen Gegend in Houston geboren, als jüngstes von zehn Kindern. Seiner Mutter hatte man geraten, ihn abzutreiben. Als Mike zwölf Jahre alt war, ließen sich seine Eltern scheiden. Er litt unter starker Hörschwäche (es war nicht klar, ob dies von Geburt an so war oder ob es das Ergebnis der Arbeit mit seinem Vater auf dem Bau war) und er stotterte oft.

Zurück zur Ruderbank. Noch mehr Gewicht. „Gib mir zwei."

Nächste Station. „Heb es hoch. Komm schon."

Schon früh hatte man ihm gesagt, dass er nie ein guter Football-Spieler werden würde. Er war zu klein. Neben seinem körperlichen Talent entdeckte er sein Herz und seinen Verstand. Er beschäftigte sich beinahe zwanghaft mit „Philosophien" und Denkströmungen: positives Denken; „Du musst wissen, was du willst"; „Finde heraus, wie viel es kostet"; „Studiere"; „Setze dir Ziele, arbeite, arbeite, arbeite"; „Höre nie auf Ratschläge, die die Formulierung ‚du kannst es nicht' enthalten". Träume waren seine Eintrittskarte in eine andere Welt.

Singletary beginnt zu schwitzen. Er achtet auf die Details. „Lass den Kopf nicht hängen. Heb ihn etwas höher … noch etwas höher."

Er erhielt ein Football-Stipendium an der *Baylor University.* Man sagte ihm, er müsse warten, bevor er zum Einsatz kommen würde. Abwehrspieler. Wirklich zu klein. Acht Spiele nach Saisonbeginn begann er zu spielen. Während des zweiten, des vorletzten und des abschließenden Studienjahres war er Abwehrspieler in der Mannschaft.

„Dies wird die härteste Übung, Mike … Gib mir drei." Mehr Gewicht. „Noch eins."

Die *Chicago Bears* machten sich die Entscheidung, Singletary zu engagieren, nicht leicht. Trotz seiner glänzenden College-Laufbahn gab es einige Bedenken. 1,80 Meter groß (auf Zehenspitzen), 220 Pfund schwer. Kaum die Maße eines guten Mittelfeld-Abwehrspielers. Wie wird die Größe des Herzens gemessen? Und nun, nach elf Jahren Karriere, neun *Pro Bowls*, Auszeichnungen als „Abwehrspieler des Jahres" und „NFL-Mann des Jahres", mehr als 150 Einsätze, 1 300 Angriffe, 800 Alleingänge und nur 2 verpasste Einsätze in der gesamten Laufbahn.

Nächste Station. Noch mehr Wiederholungen. Stöhnen, Anstrengung.

„Hast du irgendetwas knacken hören?", fragt er.

Der Trainer schüttelt den Kopf. „Nun, ich war es jedenfalls nicht."

Er singt die Musik von „Alabama" im Hintergrund mit. „I might be a memory before too long", singt er und wischt sich den Schweiß von der Stirn.

Singletary weiß, dass er seine besten Zeiten hinter sich hat. Seine Reflexe werden langsamer, er wird älter, im Football ist er schon ein alter Mann. Aber das bedeutet nicht, dass er nicht auf der Höhe sein wird. Er muss nur noch ein bisschen härter arbeiten.

„Noch eins. Los."

Es gab mindestens ein Problem auf Mikes Weg zum Football-Idol. Er wurde stolz. Wenn man die Hindernisse bedenkt, mit denen er zu kämpfen hatte, ist es verständlich, dass er Talent mit harter Arbeit zu verwechseln begann.

„Ich begann zu denken: Egal, was ihr sagt oder tut, ich mache es auf meine Weise", gesteht Singletary. „Es gab nichts, was jemand hätte sagen oder tun können, um mich aufzuhalten. Ich glaube, dass an diesem Punkt der Stolz begann." Wenn man sich seinen Erfolg anschaut, wird deutlich, dass Singletary ein Opfer seiner eigenen Propaganda wurde. Er glaubte, dass er schlichtweg alles schaffen konnte: eine mehrere Millionen schwere Firma besitzen, Filmstar sein, Bücher schreiben. Einfach alles.

Er hatte sogar eine Möglichkeit gefunden, den Gott des Universums zu beeinflussen. Er hatte sich selbst davon überzeugt, dass er alles, was er tat, für Gott tat. Und Gott hatte darüber gefälligst sehr froh zu sein. Auf eine seltsam verdrehte Art begann er zu spüren, dass er eine Pause von Gott verdiente. Er konnte die Dinge jederzeit arrangieren. Er war Mike Singletary, der Mann, der unmögliche Leistungen vollbrachte, und daher verdiente er besondere Beachtung. Er brauchte bestimmte Dinge, um am Leben zu bleiben.

Er war reif für einen Zusammenbruch. Er führte ein Leben voller Widersprüche, und das konnte er nicht mit seiner Persönlichkeit in Einklang bringen. In einigen Bereichen seines Lebens gab er vor, Gott zu dienen, doch im Grunde tat er, was ihm selbst gefiel. Er tat in der Folgezeit immer mehr Dinge, die seinem Leben als Christ widersprachen. Die Schuld traf ihn wie ein 300 Pfund schwerer Außenverteidiger mit voller Wucht. Er hatte die Kontrolle verloren und sah die Mauer näher kommen. Von außen betrachtet hatte er sich absolut unter Kontrolle, er verdiente Bewunderung. Seine Mannschaft hatte gerade den *Super Bowl* gewonnen. Er wurde zum besten Abwehrspieler der Liga ernannt. Er hatte Geld. Seine Frau erwartete ihr erstes Kind. Mit Entschlossenheit und einer positiven Einstellung hatte er alle Hindernisse überwunden.

Aber innerlich begann er, langsam zu zerbrechen.

Der *Super Bowl*, der eigentlich der Höhepunkt all seiner harten Arbeit werden sollte, wurde zum Tiefpunkt seines Lebens.

„Ich bemühte mich so sehr, Begeisterung zu empfinden", sagt er, „aber ich konnte einfach nicht. Der ‚Super Bowl' war für mich nur irgendein ganz normales Spiel." In den darauf folgenden Monaten spürte er ständig Angst. Er konnte nicht schlafen. Er konnte nicht essen. Er ertrug keine Dunkelheit. Aus der Stille drangen ihm Anschuldigungen entgegen.

„Ich war ein Wrack", sagt er.

Das unmittelbare Problem war seine Beziehung zu seiner Frau Kim. Obwohl er ihr seit ihrer Eheschließung treu war, spürte er die Last seines während der Verlobungszeit begangenen Seitensprungs. Er wusste, dass er sich diesem Problem stellen, dass er es ihr bekennen und ihren Schmerz ertragen musste. Dies war schon schwierig genug, aber es gab noch etwas, das weit tiefer ging: Mikes Beziehung zu Gott. Seine Untreue gegenüber seinem Schöpfer brannte ein Loch in seine Seele. Sein Stolz konnte die ständig größer werdende Kluft nicht überbrücken. Immer deutlicher spürte er den Widerspruch zwischen dem, was er zu sein vorgab, und dem, was er tatsächlich war. Wenn er für Gott brauchbar sein wollte, musste er seinen Stolz radikal loslassen.

An diesem Punkt traf ihn die Erkenntnis: „Es kam gar nicht darauf an, wer ich war“, sagt Singletary, „sondern darauf, wer Gott ist.“ Er begann zu begreifen, dass er Überleben mit Unabhängigkeit verwechselt hatte. Auf Grund der Hindernisse in seinem Leben hatte er geglaubt, nur auf sich selbst vertrauen zu können. Er musste alles unter Kontrolle haben. Und es funktionierte. Mit jedem Jahr wurde er, trotz immer größerer Schwierigkeiten, erfolgreicher. Wenn es jemanden gab, der das Recht hatte, stolz und selbstbewusst zu sein, so war es Mike Singletary. Doch eine seltsame Entwicklung setzte ein. Er verlor sein Selbstvertrauen.

„Ich befand mich in einem inneren Gefängnis. Ich war stolz und glaubte, dieser Stolz sei Stärke, doch in Wirklichkeit war es Schwäche. Innerlich lehnte ich mich selbst ab. Ich hatte keinerlei Selbstvertrauen und keinerlei Glauben an mich selbst, und ich konnte mir nicht vorstellen, dass irgendjemand sonst an mich glauben könnte. Wenn ich allein war, fürchtete ich mich.“

Das späte Abendlicht reflektiert die für den Mai so typischen Farben kastanienbraun und lachsrosa von den Glastürmen des *Chicago Hyatt-Regency*. Im großen Ballsaal des Gebäudes mit den obligatorischen Kristall-Leuchtern und den bunten Servietten ist eine Preisverleihungszeremonie im Gange. Mehr als 500 Mitglieder der *Management Association of Illinois* sind zusammengekommen, um die Besten unter ihnen auszuzeichnen. Man hört die Ansagen, Beifallrufe und Klatschen. Langsam und sorgfältig ausgesprochen erklingen die Worte: „Es kommen nun die Auszeichnungen für außerordentliche Leistungen. Wenn ich Ihren Namen aufrufe, dann kommen Sie bitte nach vorne und nehmen Sie die Auszeichnung von unserem Vorsitzenden entgegen. Von der ‚Barnett Company' Jacqueline A. Fickle, ebenfalls von der ‚Barnett Company' Wilma Sturgill …"

Für die Eingeweihten ist dies ein sehr wichtiges Ereignis. Für Außenstehende grenzt das Ganze an Monotonie, besonders an diesem Frühlingsabend, an dem die Wolken als purpurne Gebilde über den Himmel ziehen. Mike Singletary ist anwesend. Er sieht fremdartig aus, scheint sich aber wohl zu fühlen – in einem schwarzen Anzug mit weißem Hemd und bunter Krawatte. Zum Abschluss der Zeremonie wird der Hauptredner vorgestellt. Singletary steht auf und hält eine leidenschaftliche Ansprache:

„Das System bricht auseinander. Gier und Selbstsucht verschlingen die Werte, die Amerika einst zu seiner Größe führten. Viele Menschen konzentrieren sich in erster Linie darauf, ihr Ego zu befriedigen. Unsere Kinder werden häufig vernachlässigt." Mit sorgfältig abgewogenen und betonten Worten ruft er zur Rückkehr zu einfachen Werten auf – Teamwork, Opferbereitschaft, Liebe, andere zuerst beachten, Disziplin, die Goldene Regel. „Wir befinden uns", so fährt er fort, „nicht jenseits der Wiedergutmachung. Doch zunächst muss jeder von uns aufhören, den anderen die Verantwortung in die Schuhe zu schieben.

Wir müssen uns vor den Spiegel stellen", erklärt er, „und eine Weile davor stehen bleiben. Wir müssen begreifen, dass jeder von uns Schuld trägt. Bevor wir das nicht begreifen, können wir keine Fortschritte machen." Die Leute klatschen stehend Beifall. Danach bildet sich eine 50 Meter lange Schlange und ein scheuer Mann gibt Autogramme. Die Blitzlichter der Kameras blenden ihn.

Mike Singletary brachte alles wieder in Ordnung. Er bekannte seine Fehler vor seiner Frau und vor Gott. Er bekannte seinen Treuebruch. Seine Frau weinte lange. Singletary wusste, dass er den Menschen wehtat, die er am meisten liebte. Der Schmerz, den er durchlebte, war mit nichts vergleichbar, was er bis dahin gekannt hatte. Und doch wusste er, als er Vergebung zugesprochen bekommen und Kummer durchlebt hatte, dass Gott in seinem Leben am Werk war. Er kam endlich von sich selbst los. Sein Stolz löste sich in der Gnade Gottes auf. Der Schmerz war enorm, doch die Annahme unvergleichlich wohltuend. Das zurückbleibende Loch füllte er mit Gottes Weisheit. Er schrieb: „Gott füllte nun die Leere in mir, die so lange durch mein Ego, meine Sünden und die Welt ausgefüllt war. Bis heute kann ich noch nicht genau sagen, was passierte, aber ich weiß, dass ich ein neuer Mensch wurde."

Demut war in seinem Fall die Weisheit zu begreifen, dass er sich nicht selbst vertrauen konnte. „Ich glaube, die wichtigste Lektion, die ich lernte, war die, dass man Gott vertrauen kann. Ich erkannte, dass jeder Tag ein neuer Tag und eine Segnung Gottes ist. Wir müssen erkennen – egal, wer wir sind –, dass wir schwach sind. So sehr wir uns auch bemühen, wir haben keinerlei Kontrolle. Überhaupt keine. Wie sehr ich mich auch anstrenge, meine Zukunft abzusichern, ich könnte doch eines Tages mit einem Tumor in der Brust aufwachen, mich im Krankenhaus wieder finden und sterben. Wenn wir endlich einsehen, wie schwach wir wirklich sind, dann erkennen wir die Stärke Gottes."

Als Singletarys Stolz gebrochen wurde, erhielt er eine vollkommen neue Sicht der Dinge. Es war ihm immer noch wichtig, sein Bestes zu geben, doch die Motivation war eine andere. Was Gott jedem von uns gibt – Talente, Besitz, Macht, Geld –, muss sorgfältig zu Gottes Ehre eingesetzt werden. Er war von dem Bedürfnis frei geworden, ein überwältigendes Ego befriedigen zu müssen; frei zum Gehorsam und zum Dienst an anderen. Zum ersten Mal in seinem Leben wusste er, wer er war – in Jesus Christus. Es bedeutete, dass er lieben konnte, und zwar ohne Einschränkung. Er begann, für andere und für Gottes Reich Selbstverzicht zu üben.

Er erklärt: „Loslassen und verzichten bedeutet, dass wir unseren Stolz gegen die Bereitschaft zu dienen austauschen. Die Demut muss dabei die Wurzel sein."

Singletarys Leben dreht sich nun darum, Gott zu gefallen. Das, was Gott ihm geschenkt hat, gehört nicht ihm, sondern soll optimal für Gottes Reich genutzt werden. Das hat er begriffen. Er nimmt seine Verantwortung sehr ernst. Er gibt konsequent den Zehnten und erkennt damit an, dass sein Geld und seine Besitztümer nicht ihm gehören. Er liebt seine Frau und seine drei Kinder, denn sie sind ganz klar Gottes wertvollstes Geschenk an ihn. Er spendet für wohltätige Zwecke, denn er kennt die Verantwortung eines Christen, den Verwundeten und Mittellosen beizustehen. Wenn er in Gemeinden Vorträge hält, nimmt er nie Geld dafür, denn er will offen zeigen, dass das Evangelium nicht käuflich ist. Er gewährt großzügige materielle Unterstützung für in Not geratene Menschen, wenn er sich vom Heiligen Geist dazu angetrieben fühlt. Er hat die Großeltern seiner Frau und seine Nichte, die in Schwierigkeiten geraten war, in sein Haus aufgenommen. Er hält an, wenn jemand eine Autopanne hat. Doch all dies macht ihn nicht etwa stolz. Er hat genug vom Stolz.

Das bedeutet jedoch nicht, dass er niemals ins Straucheln gerät. Als einer der wichtigsten Spieler der *National Football League* verdient er eine Menge Geld, hat ein schönes Haus, schöne Autos und schöne Kleidung. Wie werden die Wertvorstellungen seiner Kinder dadurch beeinflusst? Es ist ein ständiger Kampf, das Gleichgewicht zwischen Überfluss und Notwendigkeit zu finden.

„Solange wir das, was wir haben, nicht horten und bereit sind, es aufzugeben", sagt er, „stellen diese Dinge für mich kein Problem dar." Doch er macht sich trotzdem Sorgen. Und er ist ständig auf der Suche nach Möglichkeiten, seine Mittel – Geld, Talent und Position – so einzusetzen, dass sie Christus dienen. Er ist sich ständig bewusst, was auf dem Spiel steht.

Von Zeit zu Zeit verspürt er noch einen Anflug von Stolz. Er hat eine Technik entwickelt, damit umzugehen.

„Jedes Mal, wenn mich jemand lobt, gebe ich dieses Lob sofort an Gott weiter. Ich danke ihm, denn er hat mir die Möglichkeit gegeben, das zu tun, was ich tue. Auf diese Weise bleibt ein Kompliment nie bei mir hängen, ich lasse es weiterfließen. Ich nutze es als Gelegenheit, mich daran zu erinnern, woher wahre Stärke kommt. Ich bin es gar nicht; es ist Gott."

Der Raum ist energiegeladen. Hunderte von Teenagern, das unbeherrschte Chaos von Leben – der Druck, die Fragen, die innere Auseinandersetzung zwischen Kindheit und Erwachsensein. Mike Singletary ist in der Kirche.

Es geht nicht darum, irgendwie die Zeit totzuschlagen. Dessen ist sich Singletary bewusst. Keiner seiner Angriffe auf dem Football-Feld verlangt mehr Kraft von ihm. Er trägt ganz normale Kleidung, ein gestreiftes Hemd und Jeans. Er hat es hier mit der Realität von allein erziehenden Eltern, Drogen, Banden, Sex und Gewalt zu tun. Gefährliches Leben, lauter potenzielle Bomben. Er spricht die Dinge offen und zuversichtlich an: „Die vorherrschende Meinung ist, dass die jungen Menschen verloren sind. Es gibt keine Hoffnung." Und dann, beinahe unglaublich, spricht er vom Glauben. Einem konsequenten Glauben ohne Kompromisse, der alle Illusionen von Stolz zerstreut, der das Verhätscheln ablehnt und schließlich fest steht.

„Wir müssen an den Punkt gelangen, an dem wir bereit sind, unser Leben zu geben", sagt er. „Wenn wir das tun, machen wir die gleiche Erfahrung wie Jesus Christus. Und dann werden wir wieder auferstehen."

Demütig erklärt er, dies sei der einzige Weg zu leben.

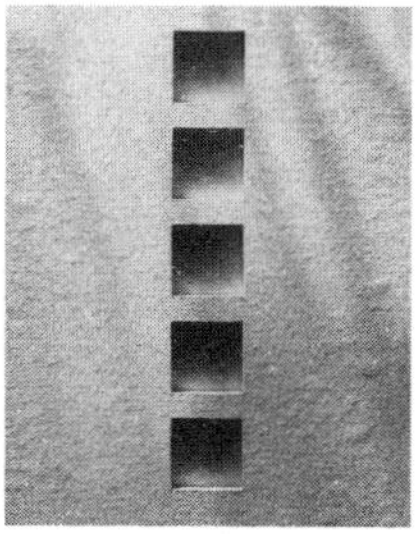

Teil VI

Gehorsam

Kapitel 10

Wirklich leben bedeutet, zum Sterben bereit zu sein

„Im Gehorsam gegen Gott erniedrigte er sich so tief, dass er sogar den Tod auf sich nahm, ja, den Verbrechertod am Kreuz."

Philipper 2,8

Unsere Welt ist ständig im Fluss – die Meere werden aufgewühlt, die Jahreszeiten lösen einander ab und das Leben ist ein ständiger Kreislauf von Geburt und Tod. Die Welt scheint in einem kontinuierlichen Prozess der Umwandlung zu stehen und die einzige Konstante ist der Wandel. Wenn wir uns im Fernsehen die Abendnachrichten anschauen, werden wir mit der stets wiederkehrenden Monotonie von Gewalt, Armut und Elend konfrontiert, und wir erkennen, dass es noch eine andere Konstante gibt: das Böse. Tag für Tag verwüstet es unseren Planeten. In einer Welt der Veränderungen können wir uns auf eines verlassen – das Böse.

Noch schlimmer als die Beständigkeit des Bösen ist seine Tragweite. Der Schriftsteller Philip Yancey erzählt die Geschichte eines Mannes, der sich mit dem Schrecken des Bösen auseinander setzte. Yancey interviewte einen Veteranen des Zweiten Weltkriegs, dessen Auftrag darin bestanden hatte, das Konzentrationslager Dachau, in dem Tausende von Juden umgebracht worden waren, zu befreien und die Leichen zu entsorgen. Dieser Mann erzählte Folgendes:

„Einer meiner Kameraden und ich wurden beauftragt, uns um einen Waggon zu kümmern. Im Inneren befanden sich menschliche Leichen, in ordentlichen Reihen wie Brennholz gestapelt. Die Deutschen hatten in ihrer Akribie die Reihen genau organisiert, die Köpfe und die Füße waren versetzt angeordnet und das Ganze nach

Körpergröße sortiert. Unser Job glich dem Transport von Möbeln. Wir mussten jeden einzelnen Körper – sie waren so leicht – zu einem bestimmten Platz tragen. Einige Kameraden waren nicht in der Lage, diese Arbeit auszuführen. Sie standen am Stacheldrahtzaun und erbrachen sich. Ich konnte es nicht glauben, als wir auf die erste Person stießen, die noch lebte. Doch es war tatsächlich so. Einige der Leichen waren keine! Es waren lebende Menschen. Wir schrien nach den Ärzten, die sich sofort um diese Überlebenden kümmerten. Ich verbrachte zwei Stunden in diesem Waggon. Während dieser zwei Stunden kamen alle nur denkbaren Gefühle in mir hoch: Wut, Mitleid, Scham, Abscheu. Alle nur denkbaren negativen *Gefühle, so muss ich es präzisieren. Die Gefühle kamen in Schüben, mit Ausnahme der Wut – sie war ununterbrochen da und schürte unsere Energie zum Arbeiten. Es gab kein anderes emotionales Vokabular für eine solche Szene. Nachdem wir die wenigen Überlebenden zu einer Behelfsklinik gebracht hatten, wandten wir unsere Aufmerksamkeit den Nazis zu: den SS-Offizieren, die für Dachau verantwortlich waren. Unser Hauptmann suchte nach einem Freiwilligen, der eine Gruppe von zwölf SS-Offizieren zum Verhörzentrum eskortieren sollte, und ein Soldat namens Chuck hob sofort die Hand. Chuck behauptete, vor dem Krieg für Al Capone gearbeitet zu haben, und keiner von uns zweifelte daran. Nun, Chuck griff nach seinem Maschinengewehr und stieß die Gruppe der SS-Gefangenen den Weg hinunter. Sie gingen vor ihm her, ihre Hände waren hinter dem Kopf gefaltet, die Ellenbogen nach außen gerichtet. Einige Minuten, nachdem sie hinter den Bäumen verschwunden waren, hörten wir das Rattern eines Maschinengewehrs und drei lange Salven. Kurz darauf kam Chuck herangeschlendert, aus seinem Gewehr kam immer noch Rauch.*
‚Sie versuchten alle zu fliehen', erklärte er mit einem höhnischen Grinsen.“

Diese Szene bewog unseren Soldaten dazu, in den pastoralen Dienst zu gehen. Er fährt fort:

„An diesem Tag fühlte ich mich von Gott dazu berufen, Pastor zu werden. Zuerst war da das schreckliche Erlebnis mit den Leichen

im Waggon: Ich konnte diese Szene nicht verdauen. Ich hatte nicht einmal gewusst, dass etwas so abgrundtief Böses überhaupt existierte. Aber als ich es sah, wurde mir schlagartig klar, dass ich mein Leben dem weihen würde, was diesem Bösen entgegenstand – ich wollte Gott dienen. Dann kam der Vorfall mit Chuck. Ich hatte furchtbare Angst, dass der Hauptmann mich auffordern würde, die nächste Gruppe von SS-Leuten abzuführen; und noch größere Angst hatte ich davor, dass ich in diesem Fall das Gleiche tun würde wie Chuck! Die Bestie im Innern dieser SS-Wachen befand sich auch in meinem Innern. Die Bestie in diesen Wachen, die Bestie in Chuck – diese Bestie war auch in mir.“

Jener Soldat lernte eine Lektion, vor der die meisten von uns ein Leben lang davonlaufen: Die Bestie des Bösen schlummert in jedem von uns. Wenn wir wirklich ehrlich sind: Wer von uns kann das bestreiten? Wir sind vielleicht nicht schuldig an der Einäscherung Tausender von Juden, doch wie oft haben wir jemanden durch eine Lüge verletzt? Wie oft haben wir uns gewünscht, dass eine bestimmte Person – der Chef, der Ehepartner, die Schwiegermutter – aus unserem Leben verschwindet, und haben zugelassen, dass diese Haltung unser Verhalten gegenüber der betreffenden Person beeinflusst hat? Jeder von uns wird durch selbstsüchtige Wünsche getrieben und diese Selbstsucht ist gar nicht so tief in uns verborgen. Selbstsucht ist der Funke und Brennstoff des Bösen, der Raserei von Dachau.

In seinem Buch „Das Geheimnis geistlichen Wachstums“ legt Dallas Willard auf überzeugende Weise dar, dass jeder von uns unter gegebenen Umständen zu Bösem in seiner schlimmsten Form fähig ist:

„Unsere Frage nach dem Warum im Angesicht des Bösen zeigt, dass wir uns offenbar gar nicht darüber im Klaren sind, welche Kräfte sich in jedem Menschen verbergen und unser ganz alltägliches Verhalten lenken. Sie zeigt vor allem auch, dass die Kräfte des Bösen, die in die Welt ausgesandt sind, sich vor allem auf die Bereitschaft ‚anständiger‘ Menschen stützen, anderen Schaden zuzufügen oder es zuzulassen, dass anderen Schaden zugefügt wird, sofern die Umstände dies ‚rechtfertigen‘. Diese Bereitschaft kommt immer dann zum Tragen, wenn es darum geht, unsere Bedürfnisse durchzuset-

zen, die Bedürfnisse nach Sicherheit, nach Selbstbestätigung oder nach Befriedigung körperlicher Bedürfnisse. Diese grundsätzliche Bereitschaft in jedem ganz normalen menschlichen Wesen ist Ausdruck unserer Gefallenheit."
(Dallas Willard: „Das Geheimnis geistlichen Wachstums". Asslar: Projektion J, 2003, S. 263–264)

Gott weiß das. Er sagt, dass das menschliche Herz durch und durch verdorben ist. Selbst wenn man die Dunkelheit erkannt und Gottes Vergebung in Anspruch genommen hat, wird man von den Schatten des Bösen verfolgt. Unsere Worte sprechen von Gnade; unser Handeln ist jedoch häufig für andere verletzend. Wir nehmen für uns in Anspruch, reine und demütige Diener zu sein, und beschweren uns, wenn wir keine Anerkennung erfahren. Wir beten für Leben in Fülle und jagen leeren, egoistischen Träumen nach.

Ein unangenehmer Widerspruch

Das Böse ist tief in unseren Herzen verwurzelt. Die Bibel spricht in diesem Punkt eine deutliche Sprache und es gibt kein leichtes Mittel dagegen. Nur das Blut Christi, aus einem unschuldigen Herzen vergossen, reicht aus, um die Macht des Bösen zu überwinden. Doch selbst der Tod Christi befreit uns nicht hier und jetzt von den Auswirkungen des Bösen. Es hat nach wie vor Einfluss auf die Welt, die dadurch ins Wanken gerät. Wir sind auch nach wie vor für die Reize des Bösen empfänglich. Obwohl es eigentlich abstoßend ist, fasziniert es uns doch irgendwie. Wir sehen Filme wie „Kap der Angst" und „Eine verhängnisvolle Affäre". Wir stellen den Fernseher an, um Nachrichten über einen Serienmörder zu verfolgen. Wir lachen nervös über grausame Witze und makabre Komödien. Niemand von uns kann das verführerische Flüstern des Bösen und seine Bemühungen, uns zu Orten zu führen, wo wir nicht hingehören, und ungesunde Begierden zu wecken, abstellen. Die Versuchung des Bösen ließ keinen Geringeren als den Apostel Paulus frustriert ausrufen: „Wir tun nicht das Gute, das wir gerne tun möchten, sondern das Böse, das wir verabscheuen [...]. Aber ich sehe, dass mein Tun einem anderen Gesetz folgt. Dieses Gesetz liegt im Streit mit dem Gesetz, dem meine Vernunft zustimmt. Es macht mich zum Gefangenen der Sünde, deren Gesetz mein Handeln bestimmt. […] Wer rettet uns aus dieser entsetzlichen Verstrickung?"

Das ist eine schwierige Frage; die Antwort ist noch schwieriger: Freiheit erlangen wir durch die Übergabe unseres Willens an Gott und durch das Befolgen einer Reihe von Geboten. Jesus sagte ganz klar: „Wenn ihr mich liebt, so haltet meine Gebote." Er sprach eine harte, klare Sprache. „Wollt ihr mich lieben? Dann befolgt meine Gebote. Wollt ihr vom Bösen erlöst werden? Dann tut, was ich sage."

Im Philipper-Brief, dem Buch der Widersprüche, sagt Paulus es erneut: Die Eintrittskarte zur Freiheit ist der Gehorsam. Das ist nicht so leicht zu schlucken. Wir dachten, wir wüssten bereits alles über die Freiheit. Wir reden uns selbst ein, dass wir befreite Menschen sind. Wir verehren rebellische Persönlichkeiten, kaufen Geräte, die uns vor Radaranlagen warnen, und rauchen auf der Toilette. Wir haben vor langer Zeit gelernt, dass Freiheit bedeutet, die Regeln zu umgehen, zu verändern oder, wenn nötig, zu verletzen. Gehorsam – das Beachten von Regeln – kehrt alles um, wofür wir einstehen, und wir sind davon überzeugt, dass er zur Sklaverei führt.

Dieses Gedankengut schleicht sich selbst in unsere Gemeinden ein. „Beziehung" lautet das Modewort. Die Beziehung zu Gott und Beziehungen untereinander sind unserer Meinung nach der Schlüssel zum Leben. Und das stimmt. Doch in unserem Eifer, diesen Punkt zu betonen, vergessen wir manchmal den Begriff des Gehorsams. Beachten Sie, was Jesus sagte: „Wenn ihr mich liebt, so haltet meine Gebote." Es ist klar, dass der Gehorsam aus einer liebenden Beziehung entspringen muss, doch diese Worte sprechen eindeutig von Autorität. Jesus schlägt nicht vor, dass wir gehorchen, sondern er befiehlt es uns.

Das Gleiche tut er bei der Bergpredigt. „Liebt eure Feinde", sagt er. „Heilt zerbrochene Beziehungen. Widersteht der Versuchung von Geld, Macht und Berühmtheit. Trachtet zuerst nach dem Königreich Gottes. Wenn man euch Schaden zufügt, versucht, euch nicht zu rächen." Versuchen Sie einmal, die Bergpredigt so zu lesen, als wäre es das erste Mal. Denken Sie wirklich über die Aufforderungen Jesu nach. Die Gebote erscheinen schockierend und die Aufforderungen nahezu unmöglich zu erfüllen.

Der auffordernde Ton Jesu klingt hart. Das liegt daran, dass er die Wahrheit deutlicher sieht als wir. Die Bestie des Bösen steckt in jedem von uns. Das Blut Jesu kann uns reinigen, doch es kann uns nicht einfach von unseren Handlungen abhalten. Die Anziehungskraft der Sünde und die Neigung, uns von Gott zu entfernen und unsere eigenen selbstsüchtigen Begierden zu verfolgen, sind viel zu stark, um auf die leichte Schulter genommen zu werden. Jesus weiß: Nur durch Gehorsam sind wir in der Lage, die Bestie in uns zu zähmen.

Gottes Gebote haben keine einschränkende, sondern eine schützende Funktion. Wir neigen sehr dazu, uns selbst und den Menschen in unserer Umgebung Schaden zuzufügen. Wir stehen in der Gefahr, uns aus geringem Anlass selbst zu zerstören. Gottes Vorschriften, seine Gebote, entspringen seiner Liebe zu uns. Sie sind nicht nur zu Gottes, sondern auch zu unserem Besten. Er will uns vor unnötigem Kummer, vor Zerstörung und Gewalt bewahren. Ich bin davon überzeugt, dass alle Gebote Gottes entweder dazu dienen sollen, uns selbst zu schützen, andere vor unserem Fehlverhalten zu bewahren oder zu verhindern, dass wir unser Leben vergeuden.

Denken Sie über einige der Gebote nach, die uns davor bewahren sollen, uns selbst Schaden zuzufügen: „Lasst keinen Ärger und keine Bitterkeit zu, verstrickt euch nicht in Schulden, lasst euch von keiner Sucht beherrschen." Wenn wir diese Gebote übertreten, laufen wir Gefahr, Schmerz und Zerbruch zu erleben – unser Selbstwertgefühl wird abnehmen, und wir werden unter Gewissensbissen, Selbstmitleid und Depressionen leiden.

Solche Gebote, die uns daran hindern sollen, anderen Schaden zuzufügen, tragen dazu bei, Gemeinschaft zu bilden und Christen in Liebe zu vereinen. Die Bibel gebietet uns zum Beispiel, motiviert von Liebe einander die Wahrheit zu sagen, die Interessen der anderen vor unsere eigenen Interessen zu stellen und den Mittellosen gegenüber großzügig zu sein. Wenn wir diese Gebote missachten, werden wir uns allein und ohne Halt wieder finden, abgetrennt von der Stabilität, der Kraft und der Unterstützung, die mit der friedvollen und freudigen Zusammenarbeit mit anderen verbunden ist.

Schließlich gibt es auch Gebote, die uns davor bewahren sollen, das zu vergeuden, was wir von Gott erhalten haben. Jesus fordert uns auf, das Salz der Erde zu sein. „Leuchtet als Lichter in dieser Welt. Sucht nicht die Anerkennung der Menschen. Seid ständig mit guten Werken beschäftigt. Lasst die Menschen wissen, dass ich in euch lebe.“ Mit anderen Worten: Gott fordert uns dazu auf, so zu leben, dass wir in dieser Welt etwas verändern. So sagt er uns, dass wir die weltliche Ordnung der Gier, Selbstsucht und des Hasses umkehren sollen und dass wir Menschen, nicht Dinge zu unserer obersten Priorität machen sollen. Ich halte diese Gebote für die kraftvollsten Gebote, die wir in der Bibel finden. Es gab eine Zeit, in der ich regelmäßig mitten in der Nacht schweißgebadet aufwachte, so tief saß die Furcht in mir, dass ich das Leben, das Gott mir geschenkt hat, vergeuden könnte. Ich habe nur ein Leben und ich möchte etwas daraus machen. Ich danke Gott für seine Gebote, die mir zeigen, wie ich in unserer kaputten Welt etwas bewirken kann.

Ein riskanter Glaube

Wir haben deutlich gesehen, dass Gottes Gebote seiner Liebe zu uns entspringen. Sie bewahren uns vor uns selbst und unserer typisch menschlichen Neigung, zu zerstören und herunterzuspielen. Aber ich glaube, dass Gehorsam mehr beinhaltet als nur defensive Strategien. Ich denke, dass der Schutz vor dem Bösen nicht der einzige Beweggrund für die Gebote Gottes ist. In Hebräer 5, Vers 8 heißt es: „Obwohl er Gottes Sohn war, hat er durch seine Qualen gelernt, was Gehorsam heißt.“ Ich habe sehr lange über diesen Vers nachgegrübelt. Der Gehorsam Christi diente mit Sicherheit nicht dazu, das Böse in ihm zu zähmen, denn es gab nichts Böses in ihm. Sein Gehorsam war von einer ganz anderen Qualität; nicht dazu bestimmt, zu schützen und uns vor dem Bösen zu bewahren, sondern vielmehr darauf ausgelegt, uns zu aktivieren, uns in die Offensive zu drängen – uns in aktive Kämpfer gegen das Böse zu verwandeln.

Diese Form des Gehorsams ist viel härter als die defensive Form, denn sie ist weitaus riskanter. In einer Welt, die durch das Böse, durch Egoismus und Ignoranz zerrüttet ist, scheinen Taten, die aus Liebe und Weisheit entspringen – also Handlungen, die mit Gottes Willen in

Einklang sind –, völlig fehl am Platz zu sein. Sie erfordern gewaltige Energie, Vorstellungskraft und Glauben. Und zwar mehr Glauben, als die meisten von uns nach unserer Einschätzung haben. In Hebräer 11, Vers 1 wird Glaube definiert als: „[...] fest mit dem rechnen, was man nicht sehen kann." Zu einem solchen Glauben ruft Gott uns auf. In einer Welt der Gehaltsschecks, der Machtkämpfe und der Magengeschwüre fordert Gott uns auf, unser Leben mit der Überzeugung einer unsichtbaren Hoffnung zu führen. Er fordert uns dazu auf, das Böse zu bekämpfen, Gutes zu tun, uns gegen das herrschende System zu wenden und darauf zu vertrauen, dass all das am Ende etwas verändern wird.

Gott kennt das Risiko des Glaubens. Jesus lernte in einem menschlichen Körper voller Blutgefäße und Neuronen, der empfänglich war für Schmerz, Kummer und Müdigkeit, dass diese Welt Taten des Glaubens nicht gerade freundlich gegenübersteht. Er gehorchte aus Glauben, konfrontiert mit der Realität, die ihm das Herz brach und seinen Körper zerstörte: Verfolgung, Hass, Gewalt und schließlich Tod. Sein Glaube, der unsichtbare Kompass in seinem Innern, führte ihn häufig an Orte, die er ohne diesen Kompass nicht gewählt hätte: Getsemane, das Grab des Lazarus, das Kreuz. Jesus litt, weil er den Weg des Glaubens ging, und sein Leiden war unvorstellbar. Er schmeckte sein eigenes Blut, weinte angesichts des Todes und geriet vor Schmerz ins Wanken. Er lernte in einem Maß, das nur wenige von uns kennen, was Glaube erfordert: alles. Durch sein Leiden lernte er Gehorsam.

Wo war Gott?

Leiden, Glaube und Gehorsam waren miteinander verwoben und wurden täglich in das Leben Jesu eingeflochten. Doch wie sieht es mit unserem Leben aus? Wenn Gehorsam Leiden beinhaltet, haben wir dann genug Glauben, um darauf zu vertrauen, dass Gott für einen Ausweg sorgen wird? Wenn der Glaube uns in eine gefährliche Lage und Leiden bringt, sind wir dann bereit, mit Gehorsam zu antworten? Wir, die wir bestenfalls bereit sind, für das Bibelstudium auf die Fußball-Übertragung am Samstag zu verzichten. Wir, die wir im schlechtesten Fall bereit sind, unseren Glauben gegen ein größeres Haus oder ein

Wunderheilmittel einzutauschen. Wir leben nicht nur mit unserem eigenen Fehlverhalten, sondern auch inmitten einer chaotischen Welt. Es gibt Zeiten – und sie nehmen vielleicht den größten Zeitraum ein –, in denen die Möglichkeiten des Glaubens in der Mühle des Alltags untergehen. Unsere Ehen schwanken oft zwischen Routine und Heftigkeit, und wir fragen uns, woher wir den zündenden Funken nehmen sollen, der die alte Leidenschaft zum Leben erweckt. Viele von uns leben mit echten und eingebildeten Nöten, die bei uns Schmerz, Unwillen und Hilflosigkeit auslösen. Einige von uns gehen täglich zur Arbeit und sind entweder furchtbar gelangweilt oder übermäßig gestresst und fragen sich insgeheim, ob eine psychische Störung wohl Erwerbsunfähigkeit rechtfertigt. Einige unserer Kinder hören leidenschaftlich Musik, die unser Haus mit Unruhe und Ärger erfüllt. Einige von uns sind allein und drohen, an der Stille und Einsamkeit zu ersticken. Einige von uns müssen mit Firmenpleiten, Depressionen, Trennungen und dem Verlust geliebter Menschen fertig werden. Doch das Schlimmste ist, dass wir viele ungläubige Menschen um uns herum sehen, denen es wesentlich besser geht.

Wenn wir ehrlich sind, ähnelt der Glaube manchmal einer Kerze im Wind, die nach Luft ringt. Je mehr wir uns bemühen, durch dieses unsichtbare Licht zu sehen, desto stärker scheinen wir zu straucheln. Wir beginnen zu denken, dass der Glaube vielleicht auf einem anderen Planeten funktioniert, auf dem es weniger chaotisch zugeht und wo weniger Träume zerbrechen. Das Problem ist nicht so sehr, dass wir grundsätzlich an Gottes Macht zweifeln – wir erkennen sie noch dann und wann beim Betrachten eines wolkenlosen Nachthimmels. Es geht vielmehr darum, wie Gottes Macht in unserem persönlichen Leben funktioniert, in unserem 24-Stunden-Überlebenskampf. Wir wollen wirklich glauben, dass Gott für unser Leben das Beste will – seinen Willen. Doch während wir um die Kraft dieses Glaubens beten, weint das Baby, der Donner kracht und die Wut bricht durch. Unsere guten Absichten werden von Komplikationen erdrückt.

Die Wahrheit ist, dass Christen zwar versuchen können, all das anzuwenden, wovon in diesem Buch die Rede ist – aber sie haben unter Umständen weiterhin mit Schmerz, Furcht und Verzweiflung zu kämpfen. Man kommt an einen Punkt, an dem der Glaube keinen Sinn zu machen scheint. Wir haben es immer wieder versucht, doch nichts scheint richtig zu klappen. Wir fangen an zu bezweifeln, dass Gott wirklich existiert und Teil unseres Lebens ist.

Kraft für den Weg

Gott kennt die Schwierigkeiten, mit denen wir zu kämpfen haben. Die Bibel ist voll von Menschen, die so waren wie wir – verzweifelt, Schaden anrichtend, mit einer Neigung zum Sündigen, nach Gott dürstend, gebrochen und mit dem Wunsch, geheilt zu werden. Die Bibel zeigt detailliert das Spektrum des Menschseins auf – die Zerbrechlichkeit, die Sündhaftigkeit und die Tragödie. Jakob schmiedete ein Komplott. Mose fühlte sich unfähig. Petrus handelte wie ein halsstarriger Dummkopf. David hatte Blut an seinen Händen. Doch gerade im Kontext der menschlichen Schwäche und Sündhaftigkeit bekräftigt die Bibel radikal, dass Glaube – ein Glaube, der Herzen erneuert und den Lauf der Geschichte verändert – möglich ist. Selbst nach vielen, vielen Fehlern und Enttäuschungen. Jakob wurde eine Schlüsselfigur in Gottes Plan. Mose brachte die größte Flucht der Geschichte zu Wege. Die Gemeinde wurde unter der Leitung von Petrus aufgebaut. David wird ein Mann „nach Gottes Herzen" genannt.

Solche Geschichten bewirken jedoch oft, dass wir uns noch schuldiger und hoffnungsloser fühlen. Wir beten auch dafür, dass Gott uns verändern möchte, doch statt eine Umwandlung zu erleben, werden wir vom Frust übermannt. Es sieht so aus, als könnten wir uns nicht über unser alltägliches Leben hinausschwingen, um die Wirklichkeit des Glaubens zu ergreifen. Ich glaube nicht, dass es eine Frage der Aufrichtigkeit ist: Wir wollen wirklich, dass Gott uns verändert. Es ist vielmehr eine Frage des Prozesses. Die meisten von uns beten und beten und warten dann. Wir wissen nicht genau, worauf wir warten – auf einen mystischen Energieschub oder eine umwälzende Idee oder ein spürbares Aufwallen der Macht Gottes –, aber wir warten … und warten. Und meistens bleiben wir erschöpft im Anfangsstadium stecken.

Das Problem liegt im Warten, im Stillhalten. Die Bibel macht deutlich, dass Veränderung nur durch Bewegung geschieht. Gottes Kraft wird für die wirksam, die ihm gehorchen. Und Gehorsam bedeutet

Handeln – einander lieben, eine Beziehung wieder herstellen, jemandem in den Weg treten, der in Sünde lebt. Gott verspricht, uns seine Kraft zu geben, wenn wir handeln. Natürlich wünschen wir uns das anders: Wir möchten Gottes Kraft erhalten, bevor wir uns in Bewegung setzen. Doch Gott hat stets gefordert, dass dem Schritte des Glaubens vorausgehen.

Das 3. Kapitel des Buches Josua schildert eine klassische Illustration dieser Wahrheit. Nach Jahrzehnten der Wüstenwanderung hatten die Israeliten schließlich Gottes Erlaubnis erhalten, in das Verheißene Land zu ziehen. Gott beauftragte Josua, zur Grenze Kanaans zu marschieren und das Land zu besetzen. Doch es gab ein Problem: Die Grenze zum Land Kanaan wurde durch den Jordan markiert, der gerade Hochwasser führte. Es gab weder Brücke noch Boot, noch eine Fähre oder Taucherausrüstungen. Gottes Befehl an Josua lautete, die Israeliten in einer geraden Linie hinter der Bundeslade aufzustellen und sie direkt auf das reißende Wasser zumarschieren zu lassen, um auf dem kürzesten Weg nach Kanaan zu gelangen. Gott versprach, dass er unterwegs eingreifen würde. Doch die Israeliten mussten die ersten Schritte des Glaubens tun. Erst als die ersten ihren Fuß ins Wasser setzten, sorgte Gott für das Wunder und teilte das Wasser.

Es gibt noch viele andere Beispiele: Die Begebenheit mit Mose und dem Volk Israel am Roten Meer. Die Leprakranken, die Jesus erst heilte, nachdem sie seiner Weisung gehorcht hatten und sich auf den Weg zu den Priestern machten. Die vier Männer, die ihren gelähmten Freund durch das Dach herabließen. Jesus im Gebet in Getsemane. Gottes Kraft wurde erst wirksam, als Menschen im Glauben handelten. Dann erst gab er Kraft für den Weg.

Gott möchte göttlich, übernatürlich in die Schwierigkeiten und Herausforderungen unseres Alltags eingreifen – doch er kann das nur tun, wenn wir zuerst unseren Glauben dadurch beweisen, dass wir auf dem Weg des Gehorsams vorangehen. Wir müssen die Lähmung unseres Schmerzes, unserer Angst oder unserer Hoffnungslosigkeit überwinden und den ersten Glaubensschritt gehen. Eine Beziehung kann nicht wieder hergestellt werden, bevor wir zum Telefon greifen – egal, wie schüchtern, unzulänglich oder ängstlich wir uns vor dem Gespräch fühlen. Sexuelles Fehlverhalten kann nicht überwunden werden, bevor wir nicht bewusst einen Schlusspunkt setzen. Eine Sucht kann nicht besiegt werden, bevor wir nicht den ersten Schritt unternehmen, um entsprechende Hilfe in Anspruch zu nehmen. Wir müssen auf der Grundlage des Versprechens handeln, dass Gott alles durch Jesus Christus tun kann, der uns die nötige Kraft gibt. Es klingt unmöglich, ja unheimlich. Einige von uns würden eher in einen reißenden Fluss laufen als das anzugehen, was wir tun müssen. Doch Gott verspricht Kraft für den Weg.

Gehorsam ist notwendig, denn wir neigen dazu, den Status quo vorzuziehen, egal, wie schlimm dieser ist. Jeder von uns würde lieber lebendig begraben werden, als sich mit einem abgestorbenen Körperteil zu bewegen. Selbst Angst, Schmerz und Isolation bieten uns die Sicherheit des Bekannten. Glaube dagegen ist riskant: Wir werden aufgefordert, über das Sichtbare hinauszugehen und uns auf Gottes Verheißungen einzulassen. Gott erwartet von uns, dass wir seinen Willen tun, indem wir uns allein auf sein Wort stützen, ohne zu wissen, wohin sein Plan führt. Genau das ist der Haken: Wir wissen nicht, wohin Gott uns führt. Und wir können es nicht wissen, bevor wir uns auf den Weg machen. Aber eines können wir wissen: Er wird uns auf dem Weg mit seiner Kraft versorgen. Und er wird uns zur Freude führen.

Kapitel 11

Lorrie Shaver – Delta Airlines Flug 191

„Mir ist klar geworden […], *wie begrenzt unser Leben tatsächlich ist und wie sehr wir es Gott weihen sollten. Es geht nicht um morgen. Ich muss heute erkennen, dass ich für ihn leben soll und dass es Gott wichtig ist, dass ich ihm heute gehorche."*

Lorrie Shaver (in einer Aufzeichnung, die kurz vor ihrem Tod an einen Missionar in Frankreich geschickt wurde)

In Patty Benders Haus klingelte am 2. August 1985 gegen 10 Uhr abends das Telefon. Es riss sie aus dem Halbschlaf. Sie kämpfte gegen die Benommenheit, über den Fernsehbildschirm liefen Bilder, doch sie konnte sich nicht mehr an den Film erinnern, und die Kinder waren auch bereits im Bett.

Sie hörte ihren Mann antworten: „Oh, hallo!" Am Klang seiner Stimme erkannte sie, dass ihre Mutter am anderen Ende der Leitung war. Wahrscheinlich wollte sie ein bisschen plaudern. Phil sagte nicht viel, stieß nur ein paar Mal „Aha" oder „Hm" aus.

„Gib mir mal den Hörer", meinte Patty. Doch ihr Mann lehnte ab.

„Okay", sagte er ins Telefon, „wir sprechen uns morgen." Er legte auf.

„Was ist los?", erkundigte sich Patty.

„Lorrie ist mit dem Flugzeug abgestürzt", antwortete er. „Wir wissen noch nicht, ob sie zu den Überlebenden gehört."

Lorrie. Das Mädchen, das immer zu Streichen aufgelegt war. Patty erinnerte sich an die Zeit in der Highschool, als sie Lorrie erzählte, dass sie sich mit einem Jungen traf und wo sie hingehen würden. Lorrie war immer mit von der Partie. Im Kino, im Restaurant, auf der Straße – Lorrie folgte den beiden, ohne sich bemerkbar zu machen.

Patty konnte ihr Lachen spüren. Das war typisch Lorrie – immer gut gelaunt.

Nach dem Telefongespräch wurde Patty hysterisch. Sie sahen sich die Nachrichten an – eine L-1011, Flug 191 der *Delta Airlines*, war in Dallas abgestürzt. Die Bilder waren schrecklich. Die einzigen Überlebenden, so berichtete der Nachrichtensprecher mit ausdruckslosem Gesicht, hätten sich im Raucherteil befunden. Patty geriet völlig außer sich. Sie hatte eine lebenslange Freundin verloren. Ihr Mann versuchte, sie zu trösten. Er betete.

„Ich schrie immer wieder: Warum? Warum ließ Gott das zu? Lorrie wollte nach Frankreich, um Gott dort als Missionarin zu dienen. Warum? Wie konnte Gott nur so etwas tun?"

Patty zweifelte nicht etwa an der Antwort – Himmel. Nicht die Antwort war das Problem, sondern die Frage.

Lorries Späße. Patty konnte sich an unzählige Spaziergänge am Strand von Florida in der Nähe ihres Zuhauses erinnern, wo sie als Kinder gewohnt hatten. Sie hatten den Wellen gelauscht und viel gelacht. Manchmal hatten sie die Sterne betrachtet und über Gott gesprochen. Und sie hatten sich über ihre Probleme ausgetauscht. Nun konnte Patty sich nicht einmal mehr an diese Probleme erinnern … sie schienen jetzt so unbedeutend zu sein. Doch woran sie sich mehr als an alles andere erinnerte, war die Tatsache, dass Lorrie immer da war.

Immer voller Liebe.

Nach der Nachricht von der Flugzeugkatastrophe schlief Patty mit einer unangenehmen Mischung aus Zorn und Liebe ein. Sie träumte von dem Absturz. „Ich erinnere mich an eine schreckliche Explosion und sah nur noch Feuer."

„Das Auge vermittelt dem Menschen das Licht. Ist das Auge klar, steht der ganze Mensch im Licht" (Matthäus 6,22).

Lorrie Shavers äußere Erscheinung war nicht besonders auffällig. Sie war etwas übergewichtig und trug fast immer Pullover, Kordhosen und Arbeitsstiefel. Ihre Hände waren fleckig und voller Schwielen, sie hatte kurze Fingernägel – die Hände einer jungen Frau, die mit Kisten in einem Lebensmittelgeschäft hantierte. Sie hatte kleine Augen und Sommersprossen.

Auch ihr Handeln war nicht spektakulär: Sie hatte nie jemanden vor dem Ertrinken gerettet; sie musste auf dem College hart arbeiten, um ihren Abschluss zu schaffen; sie war nicht besonders kreativ und hatte nur wenige originelle Ideen.

„Sie war ein absolut durchschnittliches Mädchen“, sagt ihr Pastor Paul Mutchler. „Sie war eine ganz normale junge Frau ohne besondere Merkmale oder Talente – mit einer Ausnahme: Liebe. Sie liebte die Menschen auf eine ganz besondere Art und dadurch wurde sie selbst zu etwas Besonderem.“

Ihre Freunde sagen, dass sie nicht liebte, weil dies eine besondere Gabe war, sondern weil sie hart daran arbeitete. Sie hatte eine bescheidene Haltung, war gehorsam. Selten stellte sie ihre Liebe ins Rampenlicht.

„Lorrie war ein Mädchen, das durch die Hintertür in das Leben eines Menschen trat“, sagt einer ihrer Freunde. „Sie kam nicht mit lautem Hallo herein, aber ihre Präsenz war spürbar. Sie drängte sich nie auf und stahl nie die Zeit eines anderen; sie war einfach da und wurde zu einem Freund.“

Diese Einstellung wurde täglich in den „kleinen“ Dingen des Lebens sichtbar. Sie hatte ein Gespür dafür, wenn jemand Hilfe brauchte.

So besuchte Lorrie eine Freundin über Weihnachten, die neu in Florida war und deren Eltern, die in einem anderen Bundesstaat lebten, gerade frisch geschieden waren. Auf dem Weg zum Strand sagte Lorrie wenig, aber sie hörte die ganze Zeit zu.

Als sich der Todestag des Vaters einer Freundin jährte, schrieb Lorrie einen Brief. Am zweiten Jahrestag rief sie an.

Lorrie hatte offenbar ein Talent dafür, aus dem Alltäglichen etwas Besonderes zu machen: Sie rief zur richtigen Zeit an; sie ging in der Gemeinde auf Fremde zu; sie verlieh ihren Jeep an Freunde; sie hörte einer endlosen Abfolge von Problemen zu … Tag für Tag. Immer wieder.

„Sie hatte die ungewöhnliche Fähigkeit, so mit den Menschen umzugehen, dass diese sich gut fühlten“, sagt ein Freund.

Lorrie liebte mit einem Lachen. Sie genoss das Leben.

„Man konnte immer spüren, wenn sie irgendwohin kam, auch wenn man sie nicht sah“, erzählt ein ehemaliger Jugendpastor von Lorrie.

„Um sie herum herrschte stets eine fröhliche Atmosphäre, weil sie mit jedem scherzte und lachte."

Sie lachte viel und oft: als sie einen Freund ins Meer schubste; als sie es nicht schafften, den Videorekorder anzustellen; als sie mit Freunden in ein Geschäft ging und sie so taten, als kämen sie aus Neuseeland; als sie bei 30 Grad Hitze das Verdeck ihres Jeeps herunterließ.

„Ich habe wahrscheinlich vieles von Lorrie vergessen", berichtet eine Freundin, „doch ihr Lachen werde ich nie vergessen."

„Ich sehe sie immer noch vor mir, wie sie in mein Büro kommt und mit schief gelegtem Kopf sagt: ‚Hi, Pastor.' Ich konnte nie sicher sein, ob sie mit einem Gebetsanliegen oder mit einem Eimer Wasser kam."

So war Lorrie.

Die sanfte Berührung schwieliger Hände. Das helle Funkeln kleiner Augen.

Und immer wieder Späße.

„Keine Sorge soll mich je stören, keine Last mich erdrücken, und kein Umstand soll an meinen Nerven zerren, denn ich will in der Freude meines Herrn bleiben."

(auf einer Tafel an der Wand in Lorries Schlafzimmer)

Lorrie Shaver erzählte ihrem Pastor, dass sie ihre Eltern umso mehr liebte, weil sie adoptiert worden war. Sie war als Frühgeburt mit nur drei Pfund Gewicht zur Welt gekommen. Ihr Vater Fred erinnert sich noch an seinen Gang zum Krankenhaus, als er Lorrie zum ersten Mal sehen wollte.

„Ich sah ein winziges Etwas in der Ecke des Raums und deutete mit dem Finger darauf, um es meiner Frau zu zeigen. Nun, es stellte sich heraus, dass das eine Spritze war, auf der eine Decke lag." Und dann entdeckte er Lorrie und verliebte sich sofort in sie. „Sie war wunderschön."

Diese Liebe wuchs. Fred kann sich an keine besonderen Ereignisse erinnern, es war einfach eine beständige, bedingungslose und stetig wachsende Liebe.

„Ihre Mutter und sie hatten eine besondere Beziehung zueinander", berichtet Fred. Lorrie teilte ihren Eifer und ihre Träume mit ihrer Mutter. Und vor allen Dingen teilte sie ihre Liebe mit ihr. Die kleinen

Zeichnungen, die Lorrie von der Schule mit nach Hause brachte, waren Picassos für ihre Mutter. Diese war stolz auf ihre Tochter, besonders während der Collegezeit. Sie rief Lorrie häufig an, um ihr das zu sagen, und ermutigte sie bei ihrer Arbeit.

Die Liebe wuchs.

Während ihres zweiten Studienjahres am College starb Lorries Mutter. Lorrie zog sich an den Strand zurück und weinte um sie. Allein, mit dem Geräusch der im ewigen Rhythmus schäumenden Wellen, brach sie zusammen. Der Schmerz über diesen Verlust ließ nie vollständig nach. Lorrie sehnte sich nach einem Wiedersehen mit ihrer Mutter.

Mehr als alles andere wollte Lorrie Shaver kleine Dinge für Gott tun. Kent und Becky Good, die in Lorries Heimatgemeinde aufgewachsen waren, arbeiteten als Missionare in Frankreich. Sie brachte ihre Adresse in Erfahrung und suchte den Kontakt zu ihnen.

„Während einer Missionskonferenz übernachtete ich in Lorries Schlafzimmer", erzählt Becky Good. „Sie fing an, mir Fragen über Frankreich zu stellen. Ob sie wohl als Missionarin gebraucht werden könnte?" Das Gespräch dauerte bis zwei Uhr morgens. Später flog Lorrie nach Frankreich, um an der *Euro Missions*-Konferenz teilzunehmen. Im Verlauf der Konferenz wurde ihr klar, dass in Frankreich ein enormer geistlicher Bedarf herrschte. Nach dem Abschluss der Veranstaltung hatte Lorrie eine Entscheidung getroffen: Sie wollte Missionarin in Frankreich werden.

Trotz ihrer Zuneigung zu Lorrie hatten Kent und Becky Bedenken. Sie fürchteten, dass sie Probleme mit der Sprache haben könnte. Becky schrieb eine Empfehlung für Lorrie, die für das *Foreign Missions Board* (Zentralstelle für Auslandsmission) bestimmt war. Darin brachte sie auch ihre Bedenken zum Ausdruck. Doch die Goods waren sich Lorries großer Stärke bewusst: ihrer Fähigkeit zu lieben. Während ihres Aufenthaltes in Frankreich hatte sie diese Liebe ohne Sprachkenntnisse vermittelt.

„Es gab so viele Menschen, die sie kannten und nach ihr fragten. Das hatten wir bisher noch bei niemand anderem erlebt", sagt Kent. „Ein Geschäftsinhaber in Chalon erkundigt sich immer noch nach ihr: ‚Und wie geht es … Ich kann mich nicht an ihren Namen erinnern. Sie wissen schon, das Mädchen mit den lachenden Augen.'"

Einige Tage, nachdem sie die Empfehlung geschrieben hatte, rief Becky Good beim *Foreign Missions Board* an.

Das Mädchen mit den lachenden Augen würde vermutlich eine wundervolle Missionarin werden. So lautete der Kern ihrer Ausführungen. Kurz darauf wurde Lorries Bewerbung als Missionarin für Frankreich bewilligt.

Lorrie Shaver freute sich auf die Zukunft. Sie war ganz aufgeregt bei dem Gedanken an Frankreich, ja regelrecht besessen davon. Ihre Freunde erinnern sich noch gut an diese Begeisterung.

Sie mussten anhalten, sich endlos viele Frankreichposter ansehen und vor allem Croissants kaufen. Sie erklärte ihnen: „Das tun die Leute in Frankreich eben." Sie schrieb häufig an dortige Missionare und Freunde.

„Sie hat mir klargemacht, dass man als Missionar ganz von der Liebe zu den Menschen durchdrungen sein muss, denen man dienen will", meint eine Freundin.

Doch die Botschaft, die Lorrie in den letzten Monaten ihres Lebens vermittelte, war nie auf die Zukunft bezogen. In Worten und Taten lautete die Botschaft: Lebe heute für den Herrn. Jede Minute, jede Handlung soll Gott geweiht sein.

Wenn Lorrie in verschiedenen Gemeinden über ihre Pläne sprach, spielte sie eine Kassette mit dem Lied „Morgen" vor. Eine Zeile in dem Lied lautet:

„Ich werde mein Leben morgen geben.
Wie steht es mit heute?"

Lorrie Shaver hasste Abschiede. Sie machten sie nervös und sie suchte gewöhnlich verlegen nach den richtigen Worten.

Es würde schwierig sein, nach Frankreich aufzubrechen.

„Ich möchte unbedingt nach Frankreich", erklärte Lorrie in einer Aufzeichnung, die für einen dortigen Missionar bestimmt war, „doch gleichzeitig ist es so schwierig, diese Dinge gegenüber meinen Freunden und meiner Familie zur Sprache zu bringen. Es ist hart, Verbindungen zu Menschen abzubrechen – auch wenn man weiß, dass die Trennung von ihnen, sofern sie gläubig sind, nicht für immer sein wird."

Der Abschied von der Familie würde am schwierigsten sein. Doch Lorrie tröstete sich damit, dass ihr Bruder und ihre Schwägerin noch vor Lorries Aufbruch nach Frankreich ihr Baby bekommen würden.

Sie hatte bereits eine Karte für die jungen Eltern ausgesucht. Darauf befand sich ein Foto von einem bunten Vogel, der den Betrachter angrinste. Der Text auf der Karte lautete: „Die beste Wünsche für den kleinen Grünschnabel."

Lorrie würde zum ersten Mal Tante werden. Sie erzählte einer Freundin, dass sie es kaum erwarten konnte, die winzige Hand des Babys zu berühren.

Ein paar Wochen vor dem Abflug nach Frankreich wurde Lorrie beauftragt, an einer Konferenz in Colorado teilzunehmen, um dort über Mission zu sprechen. Sie buchte einen Flug nach Denver mit Zwischenstopp in Dallas.

Sie wollte eine Woche vor dem Beginn der Konferenz abfliegen, um Zeit für den Besuch bei einer Freundin von der Highschool zu haben, die mit Glaubensproblemen kämpfte. Außerdem wollte sie Kent und Becky Good überraschen, die in Denver über Missionsarbeit in Frankreich sprechen sollten.

So war Lorrie.

Immer für einen Spaß zu haben.

Einige Tage vor der geplanten Reise war Lorrie mit einer Freundin am Strand. Das war nichts Ungewöhnliches. Sie liebte den Strand. Lorrie erzählte ihrer Freundin, sie habe sich noch nie so im Einklang mit Gottes Willen gefühlt wie gerade jetzt. Die Wellen brachen sich am Strand. Lorrie sagte, sie sei sicher, genau das zu tun, was Gott von ihr wollte.

Sie sagte, sie habe inneren Frieden.

> *„Er lässt die Sonne scheinen auf böse wie auf gute Menschen, und er lässt es regnen auf alle, ob sie ihn ehren oder verachten"* (Matthäus 5,45).

Nach dem Flugzeugabsturz flog Fred Shaver nach Dallas. Aus der Luft konnte er das Flugzeugwrack erkennen. Er wandte sich an die

Fluggesellschaft und erhielt die endgültige vernichtende Nachricht. Eine Angestellte der Fluggesellschaft hatte die Liste der Überlebenden überprüft. Fred hatte ein paar Minuten gewartet, und als die Frau zurückkehrte, schüttelte sie den Kopf. Lorries Name stand nicht auf der Liste. Er tröstete sich ein wenig mit der Tatsache, dass man Geld bei Lorrie gefunden hatte. Das bedeutete, dass sie nicht vollständig verbrannt war.

Er war jetzt auf dem Rückweg vom Flughafen in Fort Lauderdale. Auf genau diesem Flughafen hatte er seine Tochter einige Tage zuvor zum letzten Mal gesehen. Sie hatten sich umarmt und die Brille in seiner Hosentasche hatte Lorrie gepiekst. Sie hatten gelacht.

Und Lorrie hatte ihm gesagt, dass sie ihn liebe. Fred erzählt, dass sie das immer getan und es auch immer so gemeint habe. Sie war grinsend fortgegangen und hatte über die Schulter gerufen: „Tschüss, Dad. Bis bald."

Nun war es Abend – der Himmel leuchtete rötlich und Fred fuhr über den *Sunset Strip*. Er dachte über Lorrie nach. Er dachte an ihr Lachen, an die Menschen, um die sie sich gekümmert hatte, an Lorrie als Baby, das nur selten weinte, und an all die Späße.

Fred schaute aus dem Autofenster und sah ein paar Obdachlose, die über den Gehweg stolperten.

„Freut euch mit den Fröhlichen und weint mit den Traurigen" (Römer 12,15).

„Jesus kamen die Tränen" (Johannes 11,35).

Nach dem Trauergottesdienst ging Patty Bender zum Haus der Shavers. Beim Gottesdienst hatte sie nur noch einen Stehplatz bekommen. Nun waren noch eine Hand voll von Lorries besten Freunden da. Sie blieben bis kurz vor Mitternacht. Sie lachten. Während des Abends wurde Patty zum ersten Mal fröhlich.

„Mir wurde mit einem Mal bewusst, dass Lorrie im Himmel ist", sagt Patty. „Und seitdem hat der Himmel eine besondere Bedeutung für mich."

Patty konnte immer noch nicht verstehen, warum Lorrie auf diese

Weise sterben musste. Manchmal ergibt Gehorsam einfach keinen Sinn. Sie wusste, dass der Tod ihrer Freundin sie verändert hatte: „Sie hat mir deutlich gemacht, was im Leben wirklich zählt." Und während das Lachen durch die Sommernacht in Florida klang, verstummte Pattys Zorn.

„,*Das Gras verdorrt, die Blumen verwelken, wenn der Herr seinen glühenden Atem darüber wehen lässt. Ja, wie Gras ist das Volk.' Da sagte die Stimme: ,Das Gras verdorrt, die Blumen verwelken; aber das Wort unseres Gottes bleibt für immer in Kraft*'" (Jesaja 40,7–8).

Fred Shaver ist ein Mann voller Haltung, ruhig, weißhaarig, mit einem inneren Lächeln. Er arbeitet für eine Elektrofirma. Er ist an Kummer gewöhnt. Vor Lorries Geburt hatten er und seine Frau ein Baby verloren und danach mehrere Fehlgeburten erlebt.

Und dann kam Lorrie. Sie wurde von einer Familie adoptiert, die sie vorbehaltlos liebte. Sie bauten über viele Jahre Erinnerungen auf. Und dann starb Freds Frau. Mit der Zeit war der Schmerz erträglich geworden.

Und dann der Flugzeugabsturz. Die Angestellte der Fluggesellschaft sagte, Lorrie sei nicht auf der Liste.

Fred hat keine Antworten auf das Warum. Er gibt auch gar nicht erst vor, die Antworten zu kennen. Fred ist kein Theologe, sondern besitzt einen einfachen, vertrauensvollen Glauben und die Hoffnung, dass Lorries Tod irgendetwas Gutes bewirken wird. Er hat von persönlichen Engagements und geistlichem Erbe gehört. Er hofft, dass es stimmt.

Fred sagt, die Trauer habe ihn vor allem eines gelehrt: „Wir können nur auf unsere Belohnung im Himmel warten – wir werden uns in der Gegenwart Gottes wieder sehen. Das wird wundervoll sein. Ich habe keine Ahnung, wie man ohne diese Hoffnung leben kann. In dieser Welt gibt es nichts, absolut nichts Bleibendes."

„Denn meine Gedanken sind nicht zu messen an euren Gedanken und meine Möglichkeiten nicht an euren Möglichkeiten. So hoch der Himmel über der Erde ist, so weit reichen meine Gedanken hi-

naus über alles, was ihr euch ausdenkt, und so weit übertreffen meine Möglichkeiten alles, was ihr für möglich haltet" (Jesaja 55,8–9).

Nach der Beerdigung ging die Familie Shaver den kurzen Weg zum Grab von Lorries Mutter. Fred Junior und die hochschwangere Brenda, Johnny, Lorries jüngerer Brüder, der noch vor seinem 18. Geburtstag mit dem Tod der Mutter und der Schwester fertig werden musste.

Und Fred.

„Lorrie ist jetzt bei dir. Sie freut sich in der Gegenwart ihres Herrn", sagten sie am Grab der Mutter.

Und dann weinten sie alle.

„Wenn eine Frau ein Kind zur Welt bringt, leidet sie Schmerzen; aber wenn das Kind geboren ist, vergisst sie die Schmerzen und ist nur noch glücklich, dass ein Mensch zur Welt gekommen ist. So wird es auch mit euch sein: Jetzt seid ihr traurig. Aber ich werde euch wieder sehen. Dann wird euer Herz voll Freude sein und diese Freude kann euch niemand nehmen" (Johannes 16,21–22).

Ein paar Wochen nach Lorries Tod kam ihr Neffe zur Welt. Fred Shaver staunte über die Schönheit des neugeborenen Babys.

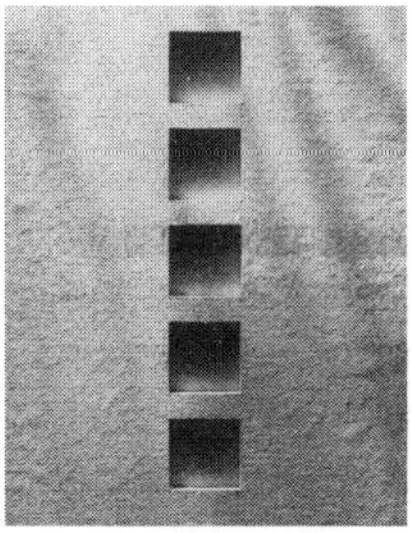

Teil VII

Freude

Kapitel 12

Belohnung oder Geschenk?

„Darum hat Gott ihn auch hoch erhöht und ihm den Ehrennamen verliehen, der ihn hoch über alle stellt." Philipper 2,9

Tracy Blackburn glaubte schon in relativ jungen Jahren, sie hätte das Glück gepachtet. Zumindest besaß sie alle äußeren Zeichen für Erfolg: Sie fuhr einen BMW, trug die eleganteste Kleidung und lebte den Lebensstil des Jetsetters, zu dem sie geworden war. Dieses Leben übertraf ihre kühnsten Träume und auch sie selbst war in jeder Hinsicht kühn. Sie hatte eine leitende Position in einer führenden Investmentgesellschaft inne und die Welt lag ihr zu Füßen. „Ich konnte mir das Leben ohne all diese wundervollen, glänzenden Dinge gar nicht vorstellen", sagt sie. Sie verfügte über Macht und Anerkennung, genau das, was sie brauchte. Das Rezept zum Glücklichsein.

So dachte sie jedenfalls. Bis ihr Blutdruck stieg und sie massiv an Gewicht zunahm; ihre Kraft und Gesundheit ließen nach. Sie begann zu begreifen, dass der amerikanische Traum äußerst kostspielig war. Das Tempo, der Druck und der Wettbewerb begannen, die prächtigen Accessoires, die ihr Leben bereicherten, auszustechen. Ihr Status als VIP wurde beinahe wörtlich in Stücke gerissen. Ihr Arzt erklärte, sie müsse ihren Lebensstil ändern. Sofort. Tracy hatte stets Respekt vor Deadlines gehabt, besonders wenn sie an einem Herzmonitor abzulesen waren. Als sie ihren Job aufgab, betete sie zu einem Gott, von dessen Existenz sie nicht überzeugt war. Es war ein verzweifelter Hilferuf. Wie konnte sie nun Glück finden? Sie hatte erlebt, wie sich der amerikanische Traum vom Erfolg in einer Mischung aus Erschöpfung und Schmerz auflöste. Wenn sie ihren persönlichen Wert nicht länger über ihr Bankkonto definieren konnte, worüber denn dann? Das Echo dieser universellen Frage hallt auch heute noch im ganzen Land voller Verzweiflung wider.

Der amerikanische Traum, einst genau definiert und erreichbar, ist zunehmend zur amerikanischen Illusion geworden. In den 1950er Jahren war man sich im Allgemeinen einig, dass ein Haus in einem Vorort mit drei Schlafzimmern und einem weißen Lattenzaun, ein Golden Retriever und ein Ford-Kombi die Erfüllung des *American Dream* waren. Der Familienvater ging von 8 Uhr bis 16 Uhr arbeiten, während die Familienmutter zu Hause blieb, die Kinder versorgte und Schokoladenkekse buk. Die Wochenenden waren für die Kirche, die Pfadfinder und Familienausflüge reserviert. Der amerikanische Traum war mit ein bisschen Glück und Verstand recht unkompliziert und tatsächlich erreichbar.

Das war einmal. Ende der 1980er Jahre – des Jahrzehnts, das von ungezügelten *American Dreamers* geprägt war – veröffentlichte das *Time Magazine* eine überzeugende Darstellung davon, was aus dem amerikanischen Traum geworden war. Darin hieß es, der *American Dream* sei zwar noch unberührt, doch er sei beinahe unerschwinglich geworden. Während die Kosten für Wohnung, medizinische Versorgung und Ausbildung sprunghaft angestiegen waren, hatte die Inflation ein Loch in das Portemonnaie des durchschnittlichen Amerikaners gerissen. Der amerikanische Traum konnte nicht länger durch einen Alleinverdiener in der Familie erreicht werden. Die 40-Stunden-Woche war undenkbar. Und fast alle mussten Schulden machen.

Doch der *American Dream* behielt seine Anziehungskraft trotz allem bei. Das Fernsehen mit seiner Vorliebe für bunte Bilder verankerte seine Botschaften in unseren Köpfen, ohne dass wir dies bewusst wahrnahmen. Die Werbung trichterte uns ein, dass Dinge Befriedigung verschaffen, und je mehr Dinge man besitzt, desto größer die Befriedigung. Wenn wir Zweifel hatten, brauchten wir uns nur die lächelnden Menschen in den Werbespots anzuschauen – sie wirkten zufrieden, ein wenig selbstgefällig und sprühten nur so vor Glück. Und das alles war darauf zurückzuführen, dass sie Dinge besaßen. Die richtigen Dinge. Auffallende, glänzende Dinge. Technisch ausgereifte Dinge. Dinge, die das einzigartige Ich verkörpern. In den 1980er Jahren hatte der Begriff „Notwendigkeit“ einen Bedeutungswandel erfahren.

Videorekorder, Mikrowellengeräte, Unterhaltungselektronik, CD-Player und übergroße Fernsehbildschirme wurden nicht länger als Luxus betrachtet. Der Amerikaner brauchte diese Dinge. Hinzu kamen die Kosten für einen anständigen Erst- und Zweitwagen (jeweils mindestens 20 000 Dollar), die Mitgliedschaft in einem Fitnessclub, Ferien in *Disneyland*, Ausgaben fürs College, ein Swimmingpool – der *American Dream* war beträchtlich teurer geworden als jemals zuvor.

Um ihn zu erreichen, war nicht länger eine halbherzige, sondern vielmehr eine herzlose Anstrengung erforderlich. Der *American Dreamer* musste einen beinahe Kamikaze-ähnlichen Einsatz bringen, um die erforderlichen Dollars heranzuschaffen. Der Einsatz für Gott, die Familie und die Freizeit wurden dem Götzen des Materialismus geopfert. Es gab keine Abkürzungen oder zufällige Erfolge. Der amerikanische Traum vom Erfolg verzehrte die Verbraucher und machte sie zu mechanischen und zerbrochenen Marionetten. Beinahe im wörtlichen Sinn des Wortes.

Erfolgsstorys

Kürzlich erhielt ich einen Brief von einem 43-jährigen Mann mit einem Jahreseinkommen von 300 000 Dollar. Er schrieb, dass er in den vergangenen 15 Jahren mehr als ein Dutzend Corvettes, Boote, Flugzeuge und Häuser im ganzen Land besessen habe. Doch im Gegensatz zu den lächelnden Menschen in den Werbespots hatte er keine Befriedigung finden können. Ein anderer Brief kam von einer 24 Jahre alten Frau mit einem Jahresgehalt von 80 000 Dollar. Sie hatte ein neues Auto und ein neues Haus gekauft – und vermisste die Freude, die sie mit ihrem Geld zu erwerben glaubte. Aber es gab da etwas, mit dem sie nicht gerechnet hatte: das Bedauern und die Schuldgefühle, ausgelöst durch einen egozentrischen Lebensstil.

Das Ganze entbehrt nicht einer gewissen tragischen Ironie. Die Menschen, die dem amerikanischen Traum vom Erfolg nachjagen, suchen unermüdlich Komfort, Vergnügungen, Macht und Sicherheit. Und die meisten finden sich mit einem unerklärlichen Gefühl der Befremdung wieder – voller Bedauern und Kummer, kraftlos und unsicher. Jedes Jahr spreche ich mit Hunderten von Menschen, die dem

American Dream nachgejagt sind. Die meisten von ihnen sind gebrochene Menschen, zerrüttet durch die hohen Kosten des „Erfolgs“. Kürzlich sprach ich mit einem Mann, der kaum die Tränen zurückhalten konnte. Sein Leben lang hatte er sich darum bemüht, wohlhabend zu sein. Jeden Augenblick seines Tages brachte er mit dem Versuch zu, diesen Traum zu verwirklichen. Er liebte seine Frau und seine Kinder; er wollte ihnen das Beste bieten. Doch sie mussten hinten anstehen, während er damit beschäftigt war, all die wunderbaren Dinge zu erreichen, die sie verdienten. Er hätte eigentlich glücklich sein sollen, als er mit mir sprach. Er stand kurz vor dem ganz großen Deal, kurz vor dem stellvertretenden Vorsitz einer Gesellschaft, war ein aussichtsreicher Kandidat für den angestrebten Wohlstand. Und er hatte gerade sein Traumhaus erworben. Das einzige Problem bestand darin, dass dieses Haus leer war. Seine Frau und seine Kinder hatten ihn verlassen und er lebte nun allein mit dem Echo seiner eigenen Schritte.

Der Preis für die Verwirklichung seines Traums war so hoch, dass er alles verlor, was ihm etwas bedeutet hatte. Er fühlte sich geistlich entfremdet, vereinsamt, emotional ausgelaugt und körperlich kaputt. Alles, was ihm blieb, war ein Haufen Dinge, von denen er sich verspottet fühlte.

Viele Lebensgeschichten von „erfolgreichen“ Menschen enden auf diese Weise. Was ist aber mit denen, die nicht so „glücklich“ waren, die auf Grund ihrer Fähigkeiten, ihres Temperaments, ihrer Klassenzugehörigkeit oder auf Grund von Diskriminierung daran gehindert wurden, dem *American Dream* nachzujagen? In unserer Gesellschaft begegnen wir ihnen überall. In bequemen Sesseln stopfen sie sich voll mit Kartoffelchips und elektronischen Bildern, die ihnen Erfolg, Stars und großartige Häuser zeigen – eben alles, was sie nicht haben und sind. Oder wir finden sie in den Hinterhöfen, von wo aus sie sich mit Messern oder Pistolen den Weg „hinauf“ erkämpfen. Oder als Zuschauer am Spielfeldrand, wo sie die anmutigen Bewegungen der Sportler mit einem Bier in der Hand verfolgen. Selbst die Menschen, für die das Erreichen des amerikanischen Traumes ausgeschlossen ist, sind davon krankhaft besessen. Die Symptome reichen von emotionaler Taubheit, Wut oder Resignation bis hin zu dem unerklärlichen Bedürfnis, sich selbst zu quälen, indem sie sich auf das konzentrieren, was sie niemals haben werden.

Trotz des offensichtlichen Verfalls bleibt der *American Dream* am Leben, denn er nährt unser tief verwurzeltes Verlangen, nach oben zu kommen, Nummer 1 zu werden, unser eigenes Glück abzusichern – egal, welchen Preis wir dafür zahlen müssen. Warum machen wir damit immer noch weiter? Die Bibel hat eine schlichte Antwort: Wir sind Sünder. Wir wurden mit einem Herzen geboren, das von Natur aus zum Selbstschutz und zur Förderung des Ego neigt. Persönlicher Komfort und Sicherheit sind so wichtig für uns, dass wir fast alles tun, um sie zu erlangen. Wenn es dabei zum Gedränge kommt, sind wir nur allzu bereit, unsere Ellbogen zu gebrauchen. Mit anderen Worten: Es geht hier um Selbstsucht. Und leider ist das eine Krankheit, die nicht nur einzelne Menschen befällt. Am Ende der 1980er Jahre – einem Jahrzehnt, in dessen Verlauf dem *American Dream* unverfroren nachgejagt wurde – konnten wir deutlich sehen, welchen Schaden unsere Gesellschaft genommen hat. Die Selbstverherrlichung hat zu kollektivem Elend geführt. Die Armen sind noch ärmer. Moralische Werte sind verfallen. Die Produktivität hat nachgelassen. Immer mehr Scheidungen werden eingereicht und Kinder leiden unter der Trennung und dem damit verbundenen Kummer. Natürlich können diese Probleme nicht ausschließlich dem *American Dream* zugewiesen werden. Doch es ist offensichtlich, dass ein Klima, in dem Selbstverherrlichung gefördert wird, am Ende zur Selbstzerstörung führt. Jesus hat das so gesagt.

Überrascht von Freude

Glücklicherweise wachen wir als Individuen und als Gesellschaft langsam aus dem Alptraum des *American Dream* auf – aus dem Bankrott der Gleichung „mehr ist besser“ und aus der Sinnlosigkeit, unser Leben auf dem Altar des Materialismus zu opfern. Auf dem Weg zum 21. Jahrhundert begannen viele Menschen, nach Alternativen zu suchen. Verstärkt begann man, sich ehrenamtlich zu betätigen. Ein einfacherer Lebensstil kam in Mode. Spiritualität wurde nicht mehr als etwas betrachtet, über das man sich lustig macht. Folgender Konsens scheint sich herauszukristallisieren: Es muss mehr geben im Leben als uneingeschränkten Konsum. Sehr wahrscheinlich ist Glück etwas, das sich nicht kaufen lässt.

Solche Tendenzen bergen positives und negatives Potenzial in sich. Das Positive ist offensichtlich: Die einzelnen Menschen und die Gesellschaft als Ganzes profitieren davon, wenn Beziehungen der Vorrang vor Materiellem eingeräumt wird. Doch die Gefahr schlummert häufig in einer schönen Verpackung. Die Neuordnung von Prioritäten wird nur dann Erfolg haben, wenn sie einem veränderten Herzen entspringt. Im Wesentlichen geht es um die Frage nach der Motivation. Auch wenn die im Land herrschende Stimmung eine Veränderung erfährt, bleibt das Verlangen der einzelnen Menschen doch das Gleiche: Sie wollen glücklich sein. Und das ist in Ordnung. Gott möchte, dass wir glücklich sind. Doch wenn wir anderen dienen, damit wir selbst dadurch glücklich werden, ist das nicht eine andere, subtilere Form des Egoismus? Und wie lange werden wir weiterdienen, wenn damit Unbequemlichkeit, Schwierigkeiten und Schmerz verbunden sind? Was geschieht, wenn die Person, für die wir uns einsetzen, keine Dankbarkeit zeigt? Werden wir dann unsere Freude und damit unsere Motivation zum Dienen verlieren?

Das Problem ist Folgendes: Wir wissen, dass Gott Freude als Belohnung für selbstloses Dienen schenkt, doch wir machen auch die Erfahrung, dass wir diese Belohnung nicht erhalten, wenn sie unser eigentlicher Antrieb für den Dienst ist. Das Paradoxe an der Freude ist, dass man sie nicht findet, wenn man danach sucht. Freude kann nicht manipuliert werden und sie hängt nicht von der richtigen Gestaltung der Umstände ab. Freude erfordert mehr als einen Terminkalender, auch wenn unser Zeitplan mit dem Dienst an anderen gefüllt ist.

Freude – die tiefe, bleibende Freude, wie sie uns Jesus verspricht – ist ein Geschenk Gottes, das uns überrascht. Wann wird uns die Freude am wahrscheinlichsten überraschen? Wenn wir von ganzem Herzen und mit jedem Atemzug danach ringen, so zu leben, wie Jesus es tat: unser Leben freiwillig für andere zu geben, selbstlos zu leben, ohne an die Belohnung zu denken. Klingt das schwierig? Die Bibel macht uns klar, dass dies ohne die richtige Motivation nicht nur schwierig, sondern sogar unmöglich ist. Unsere Motivation darf nicht länger lauten: „Mein Wille geschehe“, sondern: „Dein Wille geschehe.“ Sie muss aus einem Herzen kommen, das zum Selbstverzicht bereit ist – einem Herzen, das sich mehr als alles andere danach sehnt, Gott durch die Liebe dieses Herzens zu ehren.

In Philipper 2, Verse 6 bis 8 wird die Erniedrigung Jesu – vom Himmel zur Hölle, von Gott zum Menschen, vom Schöpfer zum Geschöpf – anschaulich beschrieben. Erst in Vers 9 wird die Erhöhung, die intensivste Form der Freude, versprochen: „Darum hat Gott ihn auch erhöht und ihm den Ehrennamen verliehen, der ihn hoch über alle stellt." Das entscheidende Wort lautet „darum". Erst nach völliger Erniedrigung – motiviert durch selbstlose Liebe und das Verlangen, Gott zu ehren – wurde ihm die Freude in ihrem ganzen Ausmaß zuteil.

Offensive Freude

Wenn wir verstehen wollen, was Freude wirklich ist, müssen wir uns auf eine Neudefinition einlassen. Allzu oft haben wir Freude im negativen Sinne definiert: Freude als die Abwesenheit von Hunger, Unbequemlichkeit und Monotonie. Wenn wir Freude so definieren, dann verbringen wir den größten Teil unserer Zeit damit, Verteidigungsstrategien aufzubauen: Wir verdienen Geld, um die Rechnungen zu bezahlen; wir streben nach Prestige, damit man sich an unseren Namen erinnert, und wir beginnen, Witze zu reißen, wenn uns jemand zu nahe tritt. Wir machen es zur obersten Priorität, dem Unbehagen auszuweichen: Zu tiefe Beziehungen könnten uns verletzen, Risiken könnten zur Katastrophe führen, Konfrontationen sind den Aufwand nicht wert und Glaube und andere unsichtbare Dinge sind doch nur Täuschung. Wir werden stumpf, gelangen auf ein „totes Gleis", werden unterhalten, verlieren uns in der Masse, lassen uns unterjochen … alles nur Erdenkliche, um uns von dem abzulenken, was uns verletzen könnte.

Wenn wir Freude als die Vermeidung von Kummer und Schmerz definieren, stellt sich uns ein großes Problem: Vermeiden erfordert Barrieren. Und Barrieren, egal, wie gut sie aufgebaut sind, lassen das Gute genauso wenig durchdringen wie das Schlechte. Nehmen wir an, wir hätten in einer Beziehung eine schmerzliche Erfahrung gemacht, und wir leiden so sehr darunter, dass wir uns schwören, nie wieder jemanden so nahe an uns heranzulassen. Die Barriere wird also ein Stückchen höher gebaut. Wir befinden uns in Sicherheit. Kein Kummer mehr. Aber auch keine Freundschaft mehr, kein Lachen, kein Teilen von Geheimnissen – keine Liebe mehr. Unsere Barriere führt uns in eine schmerzliche Leere.

Laut Bibel hat dieses Sicherheitsdenken in unserem Leben keinen Platz. Wenn es darum geht, Freude zu definieren, dann geschieht das mit einer gewissen Verwegenheit. Freude wird positiv ausgedrückt: Sei, tu, vertraue, riskiere, liebe. Aus biblischer Sicht ist Freude nicht defensiv, sondern dem Wesen nach offensiv. Barrieren müssen nicht aufgerichtet, sondern weggeräumt werden. Statt uns in einer sicheren Ecke zu verkriechen, laufen wir mit voller Geschwindigkeit ins Leben und nehmen alles an, was es bietet. Leben in seiner Ganzheit erfordert Erfahrung in ihrer Ganzheit. Es setzt voraus, dass wir uns aktiv Gottes Willen unterstellen, und Gottes Wille beruht weitgehend auf praktischer Erfahrung.

Wenn man Freude auf diese positive Weise definiert, ergibt sich ein anderes Problem: Wir leben in einer zerrütteten Welt und daher bedeutet die Erfahrung des Lebens in seiner Ganzheit auch die Erfahrung von Schmerz und Versagen. Jesus wusste das – und dennoch sprach er von Freude. Wir sollten in Erinnerung behalten, dass die Freude, über die Jesus sprach, eine andere ist als die, wie sie unsere Gesellschaft versteht. Sie hat wenig zu tun mit der Befriedigung kurzfristiger Wünsche und Impulse, vielmehr geht es bei dieser Freude darum, Gott zu gefallen. Jesus kam, um eines zu tun – den Willen Gottes zu erfüllen. Er war unerschütterlich entschlossen, Gottes Willen auszuführen, und so wählte er den mühsamen und einsamen Weg, der alles von ihm verlangte. Während andere Freude mit Vergnügen verwechselten, ging Jesus den steinigen Weg der Unterwerfung, Zielstrebigkeit, Disziplin und Beständigkeit. Er wusste, dass jenseits des Kreuzes eine Freude wartete, die selbst das tiefste Grab überwinden würde. Man kann nur ahnen, welche Qualität das Lachen Jesu am Abend mit seinen Freunden hatte. Es war mindestens von der gleichen Qualität wie das Salz seiner Tränen.

Große Träume

Jesus versuchte nicht, Freude „herzustellen“, so als seien dafür nur bestimmte Rohmaterialien erforderlich. Er wusste, dass unabhängig von dem, was er tat, die Freude nicht auf Bestellung kommen würde. Seine Unterwerfung unter Gottes Willen war im Kern ein Schritt der Hingabe. Er gab sich selbst der Fürsorge Gottes hin, voll Vertrauen, dass Gott seine Bedürfnisse erfüllen würde – unabhängig von den Umständen, der Tiefe seiner Emotionen und den Verletzungen. Mehr als jeder andere Mensch in der Geschichte ließ er sich auf das Risiko des Vertrauens ein. Er glaubte, dass Gott trotz aller Widerstände für ihn sorgen würde, sogar gegen die schlimmste Folge der Sünde – den Tod. Jesus vertraute – und die Freude kam als Geschenk.

Paradoxerweise bewirkte die Abhängigkeit Jesu von Gott eine Befreiung für ihn. Es befreite ihn zum Dienst. Durch Glauben von den Bedürfnissen nach Nahrung und Sicherheit befreit, war er im Stande, nicht die kleinen Träume der *American Dreamers* zu träumen, sondern den revolutionären Traum, wie Gott zu lieben: die Gefangenen zu befreien, die Kranken zu heilen, den Orientierungslosen eine neue Perspektive zu schenken, die Hungrigen zu speisen, Tote aufzuerwecken, den Hoffnungslosen Hoffnung zu schenken, Herzen gesund zu machen. Durch den Verlust seines Lebens zu Gunsten anderer fand er es in seiner ganzen Fülle. Und erfuhr Freude, die durch nichts zu erschüttern war.

Wie groß ist Ihr Traum? Ist es der kümmerliche, egoistische, dem Untergang geweihte Traum vom Erfolg? Ist es das endlose, dumpfe Jagen nach Vergnügen? Oder sind Sie so kraft- und mutlos geworden, dass Sie gar nicht mehr träumen? Die Bibel ist ein Buch voller verwegener Träume – der außergewöhnlichen Träume Gottes: seinen Sohn auf die Erde zu senden, der Freund der Menschen zu werden, bedingungslos zu lieben, Herzen zu verändern, die Macht der Sünde zu zerstören. Alles nur, damit Sie und ich einen größeren, besseren Traum träumen können. Ein Traum, der uns mit Freude überraschen wird.

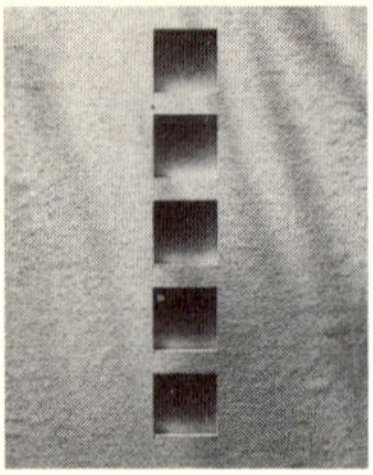

Kapitel 13

John und Gwenn Tindall – Freude inmitten des Zerbruchs

„Hat die Freude nicht vor dem Hintergrund des Kummers eine viel größere Bedeutung? Wenn man ständig auf der Höhe leben würde, wann würde man dann das Beben der Freude erfahren?"

Mit Beginn der elektronischen Körpermassage beginnen Gwenn Schumachers Nerven, wieder ernsthaft zu flattern. Ihr Magen rumort vor Nervosität. Ihre Gedanken rasen. Die Massage ist nicht besonders wirksam: 17,50 Dollar und eine Stunde ihres Hochzeitstages werden zum Fenster hinausgeworfen.

Auf dem Parkplatz, mitten auf grauem Asphalt und mit immer noch angespannten Muskeln, zieht sie sich erneut ins Gebet zurück. Sie lehnt ihren Kopf gegen das Lenkrad. In solchen Momenten nimmt ihre beinahe legendäre Belastbarkeit die Form eines schnellen Bitt- und Dankgebets an. *Danke, Vater, für meine Kinder … Hilf ihnen, sich geborgen und geliebt zu wissen … Danke für John, bitte gib, dass die Hochzeit gut verläuft … Danke für die vielen Wunder, die du in meinem Leben vollbracht hast … Du weißt, dass ich mich gerade in diesem Moment überfordert fühle, schenke mir bitte deinen Frieden … Und, Vater, hilf mir doch bitte, eine gute Frisur hinzubekommen … Amen.*

Eigentlich ist es mehr ein Gespräch als ein Gebet. Keine ausgeklügelten Formulierungen, sondern tief empfundene Bedürfnisse, egal, wie unbedeutend, und eine persönliche Lebensgeschichte, bei der Gebet mit nichts weniger als dem Überleben zusammenhängt.

Sie lässt den Motor an und ihr Gespräch nimmt eine andere Richtung. Die Hochzeitsnacht. „Solange die Lichter nicht ganz aus sind, werde ich wohl klarkommen." Sie lacht in nervöser Erwartung, voll Angst und Freude zugleich.

John Tindall ist in erster Linie ein logisch denkender Mensch. Gelassen, vernünftig, mit einer Vorliebe für Rollkragen und das Bezahlen von Rechnungen – die Sorte Mensch, mit der man sich zum Beispiel in einem Vergnügungspark wohl fühlen würde. Oder in einem Fuchsbau. Er legt seine Gedanken sorgfältig zurecht, und wenn er Eis isst, dann geschieht das mit einer gewissen selbstbewussten Methodik. Dieser 16. November, sein Hochzeitstag mit Gwenn Schumacher, ist in vieler Hinsicht ein Tag wie jeder andere. Er sitzt in der Küche, trinkt Apfelsaft und packt das Geschenk von *Frederick's* ein. Es ist gar nicht wie in einem Hollywood-Film – er hat keine feuchten Hände, nur ein Lächeln auf den Lippen.

Für einen Mann, der aus der Höhe herabgestürzt ist, scheint alles im Lot zu sein.

Oberflächlich betrachtet scheinen John und Gwenn einige Stunden vor ihrer Trauung wenig mehr miteinander gemeinsam zu haben als den Termin für den Lebensbund. Sie sind in vieler Hinsicht verschieden: Gwenn ist 38, eine Witwe mit zwei Kindern. John ist 27. Gwenn ist präzise und ordentlich und nimmt Einzelheiten sehr wichtig. Sie ist stets ein wenig unsicher und fragt sich, was andere von ihr denken. John ist lockerer, ein wenig zerknittert und manchmal unrasiert. Ihre Persönlichkeiten decken gemeinsam fast das gesamte Spektrum ab: Gwenn – spontan, praktisch denkend, transparent, extrovertiert, mit einer Neigung zu Unsicherheit und Freudenausbrüchen; John – eher innerlich erregbar, nach außen hin gelassen, mit einer Vorliebe für Herausforderungen und subtile Risiken.

Doch wenn man tiefer blickt und ihr bisheriges Leben betrachtet, stellt man fest, dass beiden schon einmal das Herz gebrochen wurde – beide haben Verzweiflung kennen gelernt, beide wurden durch Umstände zerbrochen und betäubt, und beide wurden auch auf unvorstellbare Weise von Gottes Liebe und Gnade tief berührt und haben schließlich mit jedem Augenblick der tiefen Abhängigkeit von Gott Heilung erfahren. Beide wissen, was es bedeutet, unkontrolliert abzustürzen.

Sie haben auch gemeinsame Möglichkeiten für Kämpfe und für Freude – beide auf einem scheinbar unmöglichen Niveau.

Reagan, Gwenns 15-jährige Tochter, macht sich im Badezimmer für die zweite Hochzeit ihrer Mutter zurecht. Sie kämpft mit den typischen Kicheranfällen, für die Mädchen in ihrem Alter anfällig sind – und wenn sie wieder Atem holt, stimmt sie in die Radiomusik ein … *Gib mir etwas, an das ich glauben kann, an das ich glauben kann* … Was sie für eine Haarspraydose gehalten hat, erweist sich als Produkt für Katzen, mit dem die Tiere davon abgehalten werden sollen, ihr Geschäft außerhalb ihrer Katzentoilette zu verrichten – einfach abstoßend. Es bringt ihre Nerven vollends in Aufruhr und ihre Stimme wird schrill. Immer kommt es ganz dick … *Gib mir etwas, an das ich glauben kann* … Ihr Energielevel ist auf dem Höhepunkt angekommen.

Reagan scheint ein typischer Teenager zu sein.

Vor zwei Jahren hat sie – die 13-Jährige – den Leichnam ihres Vaters gefunden. Er lag in einer Ecke des Schlafzimmers, in eine Decke gewickelt, bis auf die Knochen abgezehrt, ein unendlich trauriger Anblick. Sie erinnert sich noch daran, wie sie ihn berührte und wie überrascht sie war, einen völlig kalten Körper zu spüren – mit all ihren Nerven empfand sie diese kalte Berührung. Sie erstarrte, doch sie war nicht wirklich überrascht. Selbst mit ihren 13 Jahren hatte sie gewusst, dass der Alkoholkonsum ihren Vater eines Tages so enden lassen würde. In gewisser Hinsicht war sie erleichtert: Sie und ihre Familie mussten nicht länger mit dem Alkoholismus ihres Vaters leben und ihr Vater musste nicht länger die Demütigung und den Schmerz des Verfalls durchmachen. Und doch empfand sie Trauer. Als der Krankenwagen eintraf, erinnerte sie sich an die letzten Worte ihres Vaters. Durch den Nebel der Trunkenheit hatte er ihr gesagt: „Ich liebe dich." Es hatte fast wie eine Bitte geklungen.

Der Song im Radio verklingt … *Gib mir etwas, an das ich glauben kann* … Reagan hat endlich ihr Haarspray gefunden, einen letzten Kicheranfall überwunden und fühlt sich wieder okay.

Es gab eine Zeit in John Tindalls Leben, in der er glaubte, dass er niemals seinen Hochzeitstag erleben würde. Erst vor wenigen Jahren befand er sich an einem Punkt, an dem er dachte, er würde gar keinen weiteren Tag mehr erleben. Das gute Leben hatte ihn sang- und klanglos verlassen. Nach dem College-Abschluss bekam er direkt eine leitende Position, und schon bald stand ihm alles zur Verfügung, was man mit Geld oder zumindest mit einer Kreditkarte kaufen konnte. Er flog aus einer Laune heraus mit seiner Freundin nach Cancún. Innerhalb von weniger als zwei Jahren kaufte er zwei neue Autos. Er machte oft früher Feierabend, um Nachmittage am Strand zu verbringen. Er trank maßlos, tankte oft auf Kosten der Firma und suchte ständig nach neuen Kicks.

„Ich dachte, ich hätte alles", sagt John. Doch am Ende blieb nichts. Unerklärlicherweise kamen die Depressionen zurück, die ihn auf dem College bereits in Selbstmordgedanken getrieben hatten. Er gab seinen Job auf, um einen besseren zu finden (natürlich in Südkalifornien), den er jedoch schließlich auch aufgab. Er verlor sein gesamtes Geld und geriet massiv in Schulden. Er verlor auch seine Freundin, mit der er sich verlobt hatte, um die schon angeschlagene Beziehung zu retten. Die Probleme mit seiner Selbstachtung, die mit seinen Kindheitserfahrungen zusammenhingen – er war von seiner Familie getrennt in Internaten aufgewachsen –, begannen ihn erneut zu quälen. Er flüchtete sich in den Alkohol, um Erleichterung von den in seinem Innern angestauten Gefühlen und der Bewältigung seiner Lebensrealität zu finden.

„Die guten Zeiten waren gut", sagt John. „Doch sie waren immer zu kurz … und dann kam der Tag, an dem ich die Rechnung bezahlen musste." Für John kam dieser Tag im Januar 1988.

In Michigan erhält man Pfandgeld für zurückgegebene Dosen und Flaschen. Johns Situation hatte sich mittlerweile so sehr verschlimmert, dass er am Straßenrand herumlungerte und nach dem nächsten Drink Ausschau hielt. Sein bester Freund zog nach Iowa und der Winter war furchtbar kalt. Er beschloss, in seinen Wagen zu steigen und so lange in Richtung Key West zu fahren, bis er 20 Dollar aufgebraucht hätte. Den Rest des Weges würde er per Anhalter zurücklegen. Er wollte ein Gammler sein. Er gelangte bis zu einer Raststätte in Indianapolis, als er mit einem Mal zu sich kam. Er kehrte nach Hause zurück, gestand sich ein, dass er ein Alkoholproblem hatte, und rief seine Eltern an. Er fragte sie, ob er bei ihnen wohnen dürfte. Sie willigten ein, jedoch unter einer Bedingung: Er sollte die Gottesdienste der Gemeinde besuchen.

Gwenn Schumacher befindet sich im *Doubletake*-Schönheitssalon – sie hat eine schwarze Stretchhose und ein kurzärmeliges, weißes, zerknittertes T-Shirt an. Und sie trägt bereits ihren Schleier. Die Zeit wird knapp. Sie hat noch genau 2 Stunden und 33 Minuten bis zur Trauung und ihr Haar ist immer noch nicht frisiert. Gwenn, die normalerweise warmherzig und lustig ist, hat sich – nach den Worten des Friseurs – in ein „Nervenbündel" verwandelt.

„Ich habe lange auf diesen Tag gewartet", erzählt Gwenn, „und ich möchte, dass mein Haar gut aussieht." Zuerst ist die Frisur zu aufgebauscht, dann wieder zu platt, dann auf der einen Seite zu aufgebauscht und auf der anderen zu platt.

„Sag uns Bescheid, Gwenn, wenn wir überhaupt etwas richtig machen", scherzt der Friseur.

Von den Postern lachen perfekte junge Menschen herunter, mit frischen, glatten Gesichtern und eindrucksvoll frisierten Haaren. Auf dem schwarz-weiß-gefliesten Boden, der einem lebensgroßen Schachbrett ähnelt, haben sich mehrere Personen um Gwenn, die Königin des Tages, geschart. Da sind Reagan und Scottie, ihr elfjähriger Sohn, drei Friseure, einige Kunden und ein großer Mann mit einer Harley-Tätowierung, der ständig sagt: „Ja, so ist es perfekt." Zu platt. Aus den Lautsprechern an der Decke dröhnt Whitney Houston – „I wanna dance with somebody …" Zu aufgebauscht. Die Minuten verrinnen, während die Gerüche schärfer und die Stimmen drängender werden.

Die Stimmung ist nicht allein das Ergebnis von Gwenns Perfektionismus – es sind die Nerven. In wenigen Stunden wird sich ihr Leben für immer verändern. Es ist nicht so sehr die Furcht davor, dass es schief gehen könnte. Was könnte schlimmer sein als 16 Jahre mit einem selbstmordgefährdeten Alkoholiker? Es ist genau das Gegenteil: Da ist ein echtes Glückspotenzial – Gottes Geschenk, eine zweite Chance im Leben wahrzunehmen. Womit hat sie das verdient? Und wie kann sie sich davor bewahren, diese Chance durch Misstrauen zu zerstören? Immer noch nicht perfekt.

Sie zieht den Schleier herunter, um ihre Tränen zu verbergen. Durch die Lautsprecher dringt „Big girls don't cry, they don't cry, yii, yii". Das Timing, sofern man an Wunder oder einen göttlichen Sinn für Humor glaubt, ist erstaunlich. Für einen Ungläubigen kaum zu glauben.

Die Ehe von John Tindall und Gwenn Schumacher wurde nicht wirklich „im Himmel“ geschlossen. Eher ein bisschen unterhalb davon. Äußerlich betrachtet gab es jede Menge Warnsignale: zwei Menschen mit intensiven Bedürfnissen. Zum einen eine Frau, die 16 qualvolle Jahre mit einem Alkoholiker verbracht hat; zum anderen ein genesender Alkoholiker. Die roten Warnsignale waren überall; die Signale der gegenseitigen Abhängigkeit, eine ungesunde Verbindung zweier Not leidender Menschen, die sich in einem letzten verzweifelten und selbstmörderischen Versuch, ihre Bedürfnisse zu stillen, aneinander klammerten. Die roten Warnsignale einer unglücklichen Kindheit, in der beide unter mangelndem Selbstbewusstsein und mangelnder Vertrautheit gelitten hatten. Die roten Warnsignale des Altersunterschieds, der unterschiedlichen Temperamente und vergangener Sucht – bei John war es der Alkohol, bei Gwenn das Essen gewesen. Es gab so viele rote Warnsignale. Es gab so viele ungesunde Verhaltensmuster, so schwere Altlasten.

Und es gab Gott. Den Gott des Unmöglichen. Den Gott der zweiten Chance. Doch selbst das war unter den gegebenen Umständen nicht ausreichend. Laut der Kurse, die Gwenn und John in ihrer Gemeinde besuchten, erforderte die Möglichkeit der Eheschließung eine Verbindung mit Gott und im Glauben. Beide waren mehr als bereit, ihre innere Haltung mit biblischer Weisheit zu erneuern. Sie lernten und praktizierten, was Gott über Elternschaft, Beziehungen, Umgang mit materiellen Dingen, Konfliktbewältigung und viele andere Lebensbereiche sagt. Sie waren bereit, selbst ihre Hochzeitspläne aufzugeben, wenn Gott dies von ihnen erwarten würde.

Zunächst getrennt und dann gemeinsam, begannen John, Gwenn und ihre Kinder, durch die Kurse in der Gemeinde „Lernschritte“ zu gehen. Sie zeigten die Bereitschaft, sich belehren zu lassen, und zudem eine tiefe Abhängigkeit von Gott, als sie sich mit den Problemen ihrer Vergangenheit und ihrem Schmerz, ihrer Verzweiflung und ihren Fehlern auseinander setzten.

Einer der Pastoren, der mit John und Gwenn arbeitete, erzählt: „Sie konzentrierten sich nicht auf die Dinge, die sie nicht wissen konnten, oder etwa darauf, was die Zukunft bringen würde, sondern sie konzentrierten sich auf den nächsten Schritt: ‚Was können wir tun, um in diesem bestimmten Bereich Heilung zu erlangen?‘“ Sie lernten in vielen Bereichen – sie lernten etwas über gegenseitige Abhängigkeit, verdrängte Wut bei Kindern, ungesunde Gewohnheiten, Sucht, mangelndes Selbstwertgefühl … Sie wurden sich all der Lasten bewusst, die sie mit sich herumschleppten – in ihrem seelischen, geistlichen und ihrem Beziehungsleben.

Sie zeigten auch die Bereitschaft, Gottes Grundsätze – so schmerzlich sie auch sein mögen – auf ihr zerbrochenes Leben anzuwenden. Es gab große Fortschritte und ein langer Weg liegt noch vor ihnen. John und Gwenn wissen, dass es keine Garantien gibt. Sie haben jedoch beide gelernt, dass sie sich nicht auf sich selbst verlassen können, um glücklich zu sein. Sie müssen Gott vertrauen, sich ihm unterstellen und bereit sein, sich in der Beziehung zurückzunehmen, und dann sehen, was geschieht. Die Freude wird sich überraschend einstellen.

Eine Stunde vor der Trauung ist Gwenns Frisur endlich in Ordnung, doch sie hat die Karte mit ihrem Treuegelöbnis vergessen. Sie will keinesfalls auf diese Worte verzichten. Vor dem Spiegel im Zimmer der Braut, der die ganze Länge des Raums einnimmt, versucht sie, sich zu erinnern, und formt mit den Lippen die Worte. Dazwischen wird sie immer wieder umarmt und ermutigt – und sie weint vor Freude.

„Ich kann es kaum noch abwarten, ihn zu sehen", erzählt sie jedem.

Der vor einer Trauung übliche Tumult setzt ein – eine chaotische, doch einfache Abfolge von Ereignissen: die freudigen Begrüßungen der Gäste untereinander, das Lächeln, das geordnete Durcheinander der Musiker, die ihre Instrumente stimmen, die letzten Abstimmungen (wer macht wann was?), das Überprüfen der Mikros und die Blitzlichter der Fotoapparate – Fotos entstehen, die mit den Jahren in einem Album vergilben werden.

Inmitten all der Aufregung kann es leicht geschehen, dass man sich verloren vorkommt. Besonders, wenn man erst elf Jahre alt ist und darauf wartet, dass die eigene Mutter getraut wird. Scottie, der blonde, ruhige Junge mit dem weichen Herzen, fühlt sich in einer Menschenmenge und noch dazu vor einer Kamera gar nicht wohl. Während der Hochzeitsfotograf Standbilder schießt, erwischt er Scottie halb in sich zusammengesackt, halb lächelnd. Er befindet sich auf der Schwelle zwischen Junge und Mann, schlaksig und unbeholfen, und der zu große Smoking verstärkt diesen Eindruck noch.

Scottie birgt viele Dinge in sich: Sehnsucht, Charme, verletzte Unschuld, verschüttete Verletzungen und vorsichtige neue Hoffnung. Er vermisst seinen Vater immer noch – jenen Vater, der immer auf ihm herumhackte, ihn einen „Idioten" und „Mongoloiden" schimpfte, der ihn als wertlos bezeichnete. Den Vater, der ihn einmal gegen die Wand warf. Scottie sagt, dass es auch gute Erinnerungen an Momente gibt, in denen sein Vater nüchtern war: Sie gingen an den Strand, ließen einen Drachen steigen oder spielten Verstecken. Er liebte und er hasste seinen Vater. Zum Beispiel, als er als Werfer beim *All Stars*-Baseball spielte und sein Vater betrunken dazukam und seinem Sohn Obszönitäten und Beleidigungen entgegenschleuderte.

„Ich tat so, als sei er nicht mein Vater", sagt Scottie.

Nach der Beerdigung schrieb Scottie einen Brief an ihn: „Lieber Daddy, ich werde dich vermissen. Wenn du jemals diesen Brief erhalten solltest, dann will ich dir sagen, dass deine Trinkerei dich hierhin gebracht hat. Es ist gut, dass du zu Hause und nicht auf der Straße gestorben bist. Mir wird deine Hilfe bei meinen Hausaufgaben fehlen."

Scottie war derjenige, über den seine Mutter John kennen lernte. Scottie besuchte einen Kurs in der Gemeinde, in dem es um Wut und Schmerz ging, und John war einer der Kursleiter. Sowohl Scottie als auch seine Mutter verliebten sich in John. Keiner von beiden hatte dies beabsichtigt.

Scottie schöpft wieder die Hoffnung, glücklich werden zu können.

„Das Beste, was Gott für mich getan hat, ist, dass Mama und John und Reagan und ich eine Familie werden." Hoffnung ist nur eine der Emotionen, die tief in Scottie verborgen sind. Nur sechs Wochen vor der Hochzeit verlor er mal wieder die Geduld, als seine Schwester, wie Mädchen im Teenageralter das häufig tun, zu lange das Badezimmer in Beschlag nahm. Er schlug mit dem Baseballschläger gegen die Tür.

Eine Stunde vor der Trauung ist das Loch in der Tür immer noch zu sehen.

John und Gwenn glauben an Wunder. Sie sagen, sie hätten damit Erfahrungen aus erster Hand gemacht. Ihre Beziehung zu Jesus Christus und ihre Abhängigkeit von ihm haben ihr Leben, ihre Blickrichtung und ihre Träume verändert. Sie haben genügend zweite Chancen erhalten, um den Weg zur Freude zu finden.

Die Liste der Wunder ist lang. Beide haben das Beste und das Schlimmste erlebt, was die Welt zu bieten hat. Noch vor wenigen Jahren waren beide suizidgefährdet. Nun hängen beide mit ganzem Herzen am Leben. Noch vor kurzem waren beide süchtig – John wühlte in Abfällen herum, um Pfanddosen zu finden, die er verkaufen und mit deren Erlös er sich neuen Alkohol zulegen konnte. Gwenn litt unter krankhafter Ess-Sucht und hatte ein Gewicht von 243 Pfund erreicht. Beide sind nun geheilt, frei von der Belastung zwanghaften Verhaltens. Durch die Trennung und den Tod ihres ersten Mannes war Gwenn 1988 von den Obszönitäten, den tätlichen Angriffen und den Albträumen ihrer Kinder befreit worden und hatte zugleich gelernt, beständig mit Gott zu reden. Reagan und Scottie sehnen sich ebenfalls nach Heilung und suchen Hilfe, um ihre aufgestauten Gefühle zu bewältigen.

Doch das größte Wunder, das sie erlebt haben, ist die Gemeinde – die Verkündigung des Wortes Gottes, aber auch und vielleicht noch mehr die Menschen dort. Durch die Kurse, die sie in der Gemeinde besuchten, bauten sie Beziehungen auf, die ihr Leben verändert haben.

John sagt: „Gott schenkte uns diese Menschen. Sie sind unglaublich wertvolle Geschenke in unserem Leben.“

Gwenn erklärt nüchtern: „Ohne die Gemeinde wären wir wahrscheinlich nicht mehr am Leben.“

Durch den Dienst, den sie in der Gemeinde erfahren haben, sind sie nun in der Lage, anderen zu dienen.

„Darin liegt die Schönheit des Leibes Christi“, meint John. „Da gibt es Menschen, die ihre Gaben nutzen, um anderen zu dienen. Man kann das in Anspruch nehmen, was man braucht, und dann – wenn man dazu im Stande ist – zurückgeben, was man erhalten hat. Darum geht es eigentlich: Man nimmt den Dienst in Anspruch, um dann selbst zu dienen.“

John und Gwenns Lebensziel hat sich radikal verändert. Sie haben erlebt, dass die Prioritäten, die unsere Gesellschaft propagiert, nicht mehr sind als nur Täuschungen: Komfort, Suche nach Vergnügen, das

Anhäufen von Geld. Sie haben festgestellt, dass diese Prioritäten Menschen ruinieren und beinahe umbringen können. Durch den Zerbruch hat Gott ihr Wertesystem von Grund auf verändert.

„Wir haben gelernt“, erklärt mir John, „dass es darum geht, im Leben der Menschen etwas zu bewirken.“

Derzeit ist ihre Aufgabe klar definiert: Sie wollen eine Familie gründen, die von Liebe geprägt ist. Sie sagen, dass die Auswirkungen davon die ganze Ewigkeit durchziehen können.

„Der positive Einfluss, den ich auf Scottie ausüben kann“, sagt John erklärend, „kann noch Auswirkungen haben, wenn ich nicht mehr auf der Erde bin. Wenn es mir gelingt, ihm beim Aufbau eines gesunden Selbstwertgefühls zu helfen, und er kann dies wiederum an seine Kinder weitergeben, dann werden wir ein ungesundes Verhaltensmuster durchbrochen haben. Für mich wäre das ein ganz wichtiger Sieg, denn nicht nur negative, sondern auch positive Verhaltensmuster können weitergegeben werden.“

Freude liegt in greifbarer Nähe.

„Ich fühlte mich vorher völlig orientierungslos“, sagt Gwenn. „Nun gibt es eine Richtung. Hat die Freude nicht vor dem Hintergrund des Kummers eine viel größere Bedeutung? Wenn man ständig auf der Höhe leben würde, wann würde man dann das Beben der Freude erfahren?“

Am Altar stehen John, Gwenn, Reagan und Scottie als Familie. Tränen fließen. John wird in wenigen Minuten zum Ehemann und Vater. Er beendet sein Treuegelöbnis: „Ich danke Gott für das Wunder dieser Beziehung“, sagt er. Für John, Gwenn, Reagan und Scottie ist dies ein weiteres in einer ganzen Reihe von Wundern.

Der Pastor spricht über Abhängigkeit, die Musik feiert Freundschaft und die Zeremonie ist vorüber. Mr. und Mrs. John Tindall und Familie. Zeichen für die Gnade Gottes.

Die Flitterwochen sind vorüber. John und Gwenn sind sich bewusst, dass der vor ihnen liegende Weg nicht leicht ist. Alte Gewohnheiten sind bereits wieder hochgekommen. Gwenn ist mitten in der Nacht aufgestanden und musste gegen das Verlangen zu essen ankämpfen. Scottie hat wieder Wutanfälle bekommen. John kämpft mit dem Gefühl der Zurückweisung. Reagan steht der neuen Familienstruktur und insbesondere der neuen Disziplin argwöhnisch gegenüber.

Doch jedes Mal wurden die Probleme mit dem tiefen Bewusstsein der Abhängigkeit vor Gott ausgebreitet. Fortschritte wurden erzielt. Es wird jedoch nicht immer nur Fortschritte geben.

Doch sie wissen: Das Entscheidende ist der Prozess.

„Wir sind uns der Altlasten, die wir in diese Ehe mitgebracht haben, sehr wohl bewusst", meint John. „Doch gerade weil die Probleme so groß sind, wissen wir, dass wir Tag für Tag einen großartigen Gott brauchen. Wir brauchen einen Gott, der viel größer und mächtiger ist als wir. Es ist aufregend zu wissen, dass man einen großen Gott braucht."

Epilog

John hat die Kinder einige Monate später offiziell adoptiert. Sie tragen nun den Namen Tindall. Bei Scottie wurde Hyperaktivismus diagnostiziert, doch mit Hilfe von Therapien und Medikamenten hat er große Fortschritte erzielt und seine schulischen Leistungen beträchtlich verbessern können. Bein Laufen und beim Baseball ist er herausragend. Reagan – eine mitteilsame und liebenswerte Sportstudentin – fungiert als eine der Leiterinnen der Jugendgruppe der Gemeinde.

John und Gwenn sind immer noch die besten Partner.

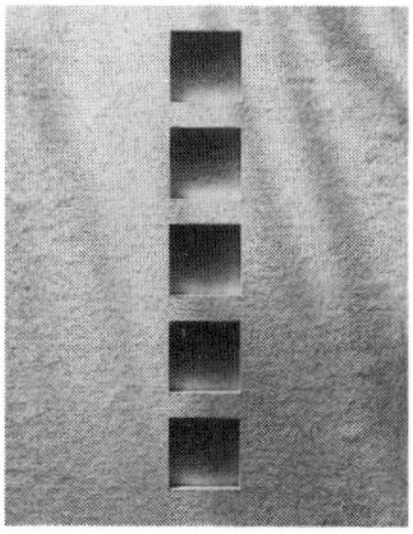

Teil VIII

Eine Entscheidung

Kapitel 14

Der Weg des Selbstverzichts

„Arbeitet an euch selbst in der Furcht vor Gott, damit ihr gerettet werdet! Ihr könnt es, denn Gott gibt euch nicht nur den guten Willen, sondern er selbst arbeitet an euch, damit seine Gnade bei euch ihr Ziel erreicht.“ Philipper 2,12–13

Ich wünschte, ich hätte eine schöne, ordentliche Definition für „Selbstverzicht“. Etwas, das ich mir an die Wand hängen und befolgen kann. Etwas, das ich schwarz auf weiß notieren kann. Etwas, das glasklar und ohne Zweifel beschreibt, wie ich mich durchweg klein machen kann, um Gottes Größe zu erlangen.

Für meinen eigenen Kampf im Bereich Selbstverzicht wünsche ich mir ständig eine klare Liste von Dingen, die ich tun beziehungsweise nicht tun darf. „Sorge dafür, dass du nicht mehr als 50 000 Dollar verdienst. Gib dein ganzes Hab und Gut weg. Lehne Ehrentitel ab. Wehre dich gegen Berühmtheit. Umarme Menschen, die auf der Straße leben.“ Das würde die Dinge einfacher machen. Oft möchte ich wirklich den Weg des Selbstverzichts gehen, doch ich bin nicht sicher, wie das in meinem täglichen Leben auszusehen hat. Je intensiver ich mich mit dem Glauben und dem Leben auseinander setze, desto schwerer fällt es mir, den Weg zum Selbstverzicht zu erkennen.

Vor einigen Jahren war ich gerade mit der Vorbereitung einer Predigtreihe über den Philipper-Brief beschäftigt, als mich der Begriff „Erniedrigung“ mit voller Wucht getroffen und fast umgehauen hat. Vielleicht war es die Tatsache, dass dieser Begriff nicht leicht zu definieren ist, die mich so stark beeindruckte. Er kann nicht auf eine Reihe von Regeln reduziert werden. Er kann nicht mit Zahlen, Titeln oder Machtpositionen definiert werden. Doch offenbar ist mit dem Begriff eine konkrete Vorsätzlichkeit verbunden. Obwohl Erniedrigung schwer zu definieren ist, erfordert sie ganz klar eine Entscheidung. Was auch immer es bedeuten mag: Der Weg der Erniedrigung, den wir beschreiben, um zur Größe zu gelangen, ist der Weg, den Jesus Christus beschritten hat. Wenn wir den Fußstapfen des Sohnes Gottes folgen wollen, müssen wir bewusst den Weg der Erniedrigung und des Selbstverzichts gehen.

Ich denke, dass es dabei in erster Linie um die innere Haltung geht: Was ist für mich das Wichtigste? Was bestimmt mein Denken und Handeln? Was hat wirklich Wert für mich? Im Christentum geht es nicht um die Selbstverwirklichung des Menschen. Das alles überragende Ziel lautet: Gottes Reich komme. Christen sollten also ihre Ärmel hochkrempeln und für das Vorankommen des Reiches Gottes arbeiten. Sie geben sich selbst voller Liebe hin, damit Gott und andere beschenkt werden. Sie treffen ihre Entscheidungen nicht nach wirtschaftlichen, sozialen oder den Status betreffenden Gesichtspunkten, sondern mit der einen Frage im Hinterkopf: Wird dies Gottes Königreich auf dieser Erde voranbringen?

Selbstverzicht setzt ganz im Gegenteil zur Selbstverwirklichung voraus, dass man seine eigenen selbstsüchtigen Wünsche und Vergnügungen aufgibt, um das Gute für die anderen im Auge zu behalten. Der christliche Glaube ist mehr eine Sache des Gebens als des Empfangens – sofern er richtig funktioniert. Das wird klar, wenn wir im 2. Kapitel des Philipper-Briefes lesen, dass Jesus Christus, der Sohn Gottes, seine göttlichen Privilegien und die damit verbundene Anbetung aufgab, sich selbst zu „Nichts“ machte, ein Diener wurde, sich selbst erniedrigte, gehorsam lernte und am Kreuz starb. Der alles überragende Sinn seines Lebens lautete also: Gottes Reich voranzubringen. Was jedoch das Thema Selbstverwirklichung betrifft, lag Jesus offensichtlich voll und ganz daneben.

Doch der Text schildert eine weitere überraschende Nebenwirkung dieses Verzichts – und das gilt auch für unser Leben. In Kapitel 2, Vers 8 heißt es: „Darum hat Gott ihn auch hoch erhöht und ihm den Ehrennamen verliehen, der ihn hoch über alle stellt.“ Indem er sich selbst ohne jegliche egoistische Ambitionen in den Dienst an anderen stellte, erhielt er alles. Auch den Gläubigen werden Freude und Belohnung von Gott versprochen, sofern sie sich voll und ganz in der bedingungslosen Liebe zu den anderen engagieren. Der Weg des Selbstverzichts – diese Schritte, die von der Maßlosigkeit des eigenen Vergnügens weg- und zu Gott und anderen Menschen hinführen – bringt uns nach oben. Das ist das Geheimnis.

Ich weiß, wovon ich spreche. Ich weiß, wie man sich fühlt, wenn man gigantische Schritte abwärts geht – ich hatte das Gefühl, kopfüber in einen Abgrund zu stürzen – und doch auf dem Gipfel der Gnade und Freiheit Gottes landet. Als junger Mann spürte ich, dass Gott mich aufforderte, meinen Beruf in der Wirtschaft aufzugeben und einen vollzeitlichen Dienst in seinem Reich auszuführen. Mein Entschluss, diesem Aufruf nachzukommen, setzte eine Reihe von Entscheidungen in Gang, die einen schnellen und intensiven „Kopfsprung“ mit sich brachten. Mein Sprung in die Tiefe glich dem eines Mannes, der aus einem Flugzeug springt.

Die erste Entscheidung – vollzeitlich in Gottes Reich zu arbeiten – war eine der schwierigsten Entscheidungen meines Lebens. Ich musste unser Familienunternehmen verlassen – ein sehr erfolgreiches Großhandelsunternehmen in Kalamazoo, Michigan. Mein Entschluss hatte nicht nur eine Laufbahnänderung zur Folge; es ging tatsächlich um eine völlig andere Berufung. Mein Leben lang hatte mein Vater mich darauf vorbereitet, eine leitende Position in seinem Unternehmen einzunehmen und darüber hinaus in jeder Hinsicht Erfolg zu haben und aufzusteigen. Er glaubte an meine Fähigkeiten und suchte ständig nach Möglichkeiten, mein Potenzial zu entfalten. Es machte ihm Spaß, mir Herausforderungen in den Weg zu stellen. Er lehrte mich, niemals zu sagen: „Ich kann nicht.“ Ich konnte bereits die Kleinlaster des Unternehmens fahren, als ich sechs war, und als ich die sechste Klasse besuchte, fuhr ich halbe Sattelschlepper. Als ich in die siebte Klasse ging, fuhr ich ganz allein mit einem 14 Meter langen Segelschiff über den Lake Michigan. Im Alter von 15 Jahren machte ich acht Wochen lang eine Rundreise durch Afrika und Europa – allein. Mein Vater lehrte mich, keine Angst vor dem Unbekannten zu haben, und trichterte mir die Bedeutung harter Arbeit ein. Er glaubte, dass mein Potenzial grenzenlos sei.

Und ich glaubte das auch. Nach zwei Jahren am College, wo ich Wirtschaftswissenschaften studierte und mich zu Tode langweilte, kehrte ich in das Familienunternehmen zurück, um in die Fußstapfen meines Vaters zu treten. Ich liebte die Aufregung des Marktes. Ich war motiviert – ich wollte Dinge noch effizienter durchführen, besser organisieren, die Ressourcen maximieren. Und ich wollte einen Haufen Geld verdienen. Ich wusste genau, was ich wollte.

Und dann griff Gott in mein Leben ein. Der Leiter eines christlichen Camps, in dem ich während des Sommers arbeitete, nahm mich zur Seite und stellte mir eine Frage, die mich zutiefst erschütterte: „Bill, was tust du mit deinem Leben, das für die Ewigkeit Bestand hat?" Die Frage verfolgte mich. Ich wurde mir langsam darüber klar, dass sich meine ganze Existenz nur um das Hier und Jetzt drehte. Alles, was ich tat, war auf mich selbst bezogen und vergänglich. Die Frage traf mich mit ganzer Wucht, und ich entdeckte, dass es nur wenig gab, das meinem Leben neben den Flugzeugen und Booten und den schnellen Autos einen Sinn gab. Ich setzte meine Arbeit im Unternehmen fort, doch ich wurde zunehmend unruhiger. Schließlich beschloss ich, Gott konkreter zu dienen. Ich wollte an der vordersten Front des geistlichen Kampfes stehen.

Als ich meinem Vater von meinem Entschluss erzählte, sagte er: „In Ordnung, Bill. Gib deine Kreditkarten und die Schlüssel für das Flugzeug, das Boot und die Autos zurück. Und mach dir keine Hoffnungen darauf, dass du jemals hierher zurückkehren kannst."

Ich bekam einen Job in der Versandabteilung einer christlichen Organisation in der Nähe von Chicago. Ich war 19 Jahre alt und erhielt den Mindestlohn. Ich werde nie vergessen, wie mein Vater mit dem Flugzeug herüberkam, um mich zu besuchen. Ich stand zwischen zwei Frauen mittleren Alters und war damit beschäftigt, kleine Plastikteile in Zellophanverpackungen zu pfropfen. Mein Vater betrachtete seinen Sohn, in den er so hohe Erwartungen gesteckt hatte. Normalerweise änderte er nie seine Meinung, doch er aß mit mir zu Mittag und meinte: „Du kannst mit mir in dieses Flugzeug steigen und nach Hause kommen."

Ich lehnte ab; ich wollte das Wagnis eingehen. Und ich meinte es ernst!

Diese Entscheidung bedeutete mehr als einen finanziellen Rückschritt und den Verlust materiellen Besitzes. Ich war von zu Hause ausgezogen, wo ich durch meine Zugehörigkeit zur Familie geschätzt und respektiert worden war. Mein Freundeskreis, der mein junges Ego so wirksam gestärkt hatte, war plötzlich weg. Ich war nun einfach ein Gesicht in der Menge, ein Niemand.

Dann kam der nächste Schritt nach unten. Ich beschloss, mit einer Gruppe von Teenagern in einer Gemeinde in Park Ridge, Illinois, ein Bibelstudium durchzuführen. Ich bekam ein halbes Gehalt für einen Vollzeit-Job. Ich hatte keine Ahnung, ob ich die Lehren der Bibel erfolgreich vermitteln könnte oder ob ich Führungseigenschaften besaß, aber ich ließ mich ganz auf die Herausforderung ein. Schon bald bekam ich die Auswirkungen des Selbstverzichts zu spüren. Die Jugendgruppe wuchs von rund 50 Teilnehmern auf 1 000 Teilnehmer an – innerhalb von drei Jahren. Ich bin davon überzeugt, dass dieses Ergebnis kaum etwas mit meiner Fähigkeit oder der Fähigkeit der übrigen Leiter zu tun hatte. Ich glaube, dass es eher darum ging, dass Gott über eine bestimmte Haltung erfreut war und sie segnete – die Bereitschaft, unsere Fähigkeiten und Mittel zur Verfügung zu stellen, um Gottes Reich voranzubringen.

Die Freude, die wir beim Aufblühen dieser Jugendgruppe empfanden, lässt sich kaum beschreiben. Wir sahen Jugendliche, die sich für die Sache Christi einsetzten und begannen, einander zu dienen und zu lieben. Wir sahen Hunderte junger Menschen, die Jesus Christus als Erretter und Herr in ihr Leben aufnahmen. Wir beobachteten, wie die gesamte „Hackordnung" der Highschool in sich zusammenfiel – Starsportler umarmten die geistig Zurückgebliebenen, und die von allen bewunderte College-„Königin" setzte sich mit einem pickelgesichtigen Erstsemester zusammen. Wir sahen Teenager, die zusammen für die Errettung ihrer Eltern beteten. Ich lernte, was es bedeutet, Teil der Familie Gottes zu sein.

Genau zu diesem Zeitpunkt gab es zwei sehr wichtige Ereignisse: Ich heiratete und ich bekam eine Gehaltserhöhung. Lynne und ich waren über unsere Zukunftsaussichten begeistert: ein erfolgreicher Dienst in der Gemeinde, ein bescheidenes Gehalt und eine gewisse Stabilität. Was wollten wir mehr? Dann kam eine neue Aufforderung Gottes: die Gründung einer Gemeinde. Wie sehr ich mich auch bemühte, ich konnte nichts gegen diese Berufung unternehmen. Und ich wollte so sehr dagegen angehen! Die Idee war unlogisch. Ich würde die Jugendgruppe und das Wunder, das wir dort erlebt hatten, aufgeben müssen. Ich würde das Bekannte gegen etwas völlig Unbekanntes tauschen müssen. Ich war 23; die meisten von uns, die eine Gemeinde gründen wollten, kannten niemanden, der älter als 30 war. Wir hatten weder Geld noch Erfahrung, noch Menschen, Ausrüstungen, Älteste, ein Gebäude oder demografische Studien … Sie können sich wohl in etwa unsere Situation vorstellen. Alles, was wir hatten, waren Bereitschaft und Verfügbarkeit, und ich wusste nicht, wie wir damit gegen das potenzielle Scheitern ankommen würden. Wäre ich dieser neuen Berufung gehorsam, würde das ganz klar eine weitere Lektion auf dem Weg des Selbstverzichts bedeuten.

Lynne und ich hatten gerade erst ein kleines einfaches Haus gekauft, das wir mit gebrauchten Haushaltsgegenständen und Möbeln eingerichtet hatten. Um uns während der ersten Jahre über Wasser zu halten, nahmen wir Untermieter auf und verkauften einige Besitztümer. Außerdem gab Lynne Flötenunterricht. Manchmal wussten wir nicht, wie wir die nächste Mahlzeit oder die kommende Hypothekenrate bezahlen sollten. Gott gebrauchte diese Zeit meines Lebens, um mich von meinem Stolz und von falschen Wertvorstellungen zu befreien. In meinem Elternhaus hatte ich nichts anderes kennen gelernt, als über Besitz und Macht zu verfügen und geben zu können. Ich war nie von irgendjemandem abhängig gewesen. Und ich war auf diese Unabhängigkeit stolz gewesen. Nun hatten sich die Dinge umgekehrt. Einer meiner ältesten Freunde, Joel Jager, war mit mir in Michigan aufgewachsen. Zwischen seiner und meiner Familie hatte in sozialer und wirtschaftlicher Hinsicht eine enorme Kluft bestanden – ich war in materieller Hinsicht ganz eindeutig im Vorteil. Mein Vater hatte Joel sogar seinen ersten Wagen gekauft. Insgeheim hatte mir dieses Arrangement gefallen. Doch als wir beide nach Chicago zogen und eine neue Gemeinde gründeten, veränderte sich die Situation von Grund auf. Joel fand einen sehr gut bezahlten Job in einer Werkzeugfabrik und lieh mir Geld für Miete und Essen. Es fiel mir zunächst sehr schwer, mit dieser Lage zurechtzukommen, doch ich lernte unvergessliche Lektionen über den Segen der gegenseitigen Abhängigkeit, über Demut und Liebe.

Wir gründeten unsere neue Gemeinde 1975 in einem angemieteten Kino. Innerhalb eines Jahres kamen jeden Sonntag rund 1 000 Menschen zu den Gottesdiensten. 1978 hatte sich die Zahl der Besucher verdoppelt. Wir führten drei Morgengottesdienste durch und jeder war zum Bersten voll. Also beschlossen wir, Land zu erwerben und ein eigenes Gemeindehaus zu bauen. Wir hatten uns Gott zur Verfügung gestellt und er gebrauchte uns. Wir konnten diese rasante Entwicklung der Dinge kaum fassen.

Dabei war mir nicht bewusst, dass ich im Begriff stand, auf dem Weg des Selbstverzichts eine neue Erfahrung zu machen, die mich nahe an den Rand des Zusammenbruchs bringen würde. Ohne es zu wissen, waren einige unserer jungen, eifrigen Leiter ihrer geistlichen Aufgabe wie einer Sucht verfallen. Tag für Tag sahen wir Menschen, deren Leben sich veränderte und die für Jesus einen anderen Kurs einschlugen. Hunderte von Menschen lernten Jesus Christus kennen und fanden ihren Platz in einer echten Gemeinschaft von Gläubigen. Eine unbeschreibliche Spannung und Liebe war spürbar – Gott wirkte im wahrsten Sinne des Wortes Wunder.

Und je größer Gottes Wirken wurde, desto schwieriger wurde es für uns, von unserer Arbeit Abstand zu gewinnen. Wir wollten immer mehr Früchte sehen und investierten mehr und mehr Zeit in unsere Arbeit. Wenn wir 70 Stunden pro Woche arbeiteten und so viele Menschen erreichten, was würde wohl passieren, wenn wir 80 oder 90 Stunden investierten? Wir vernachlässigten unsere Familien, unsere Gesundheit und auch unsere Beziehungen untereinander. Es gab keine wirkliche Verantwortungsstruktur. Diese Form der Arbeit überforderte uns bald; erste Risse begannen sich zu zeigen: Übermüdung, vernachlässigte Beziehungen, Sünde. Einer der Mitbegründer der Gemeinde verließ uns und wurde innerhalb eines Jahres von seiner Frau geschieden. Nach seinem Weggang beschlossen auch andere Mitglieder der Gemeindeleitung, auszusteigen. Wo zuvor Liebe und Vertrauen geherrscht hatten, wuchsen nun Misstrauen und Furcht. Das Schlimmste war, dass wir gerade mitten in einem Finanzierungsprojekt für das begonnene Bauvorhaben steckten.

Dann stürzten persönliche Probleme auf mich ein. Mein Vater starb, und mit ihm verlor ich den Menschen, der mich durch seinen Glauben an meine Fähigkeiten geprägt hatte. Im gleichen Jahr erlitt meine Frau eine Fehlgeburt. Meine Arbeitswut begann, unsere Ehe zu bedrohen. Mein bester Freund und Mitbegründer der Gemeinde war gegangen. Der Mitarbeiterstab war ausgebrannt und der Kern der Gemeindeleiter brach auseinander. Ich fühlte mich für diesen ganzen Schaden verantwortlich. Ich verbrachte eine ganze Nacht kniend auf dem Fußboden unseres Wohnzimmers. Ich flehte Gott um Vergebung an und bat um eine neue Chance. Diesmal würde es keine Kompromisse geben. Wir würden es so machen, wie Gott es wollte. Worte können nur schwer beschreiben, wie tief ich in jener Nacht hinabstieg. Es war gewissermaßen mein Gethsemane-Gebet. Ich fühlte quälenden Schmerz und zugleich zunehmende Erleichterung. Ich legte alles in Gottes Hände, und ich war froh, ihm das Weitere überlassen zu können. In einem Raum, der mit abgenutzten Möbeln aus zweiter Hand eingerichtet war, erfuhr ich neu den Reichtum der Gnade Gottes.

Allmählich kamen die Dinge wieder ins Lot. Durch göttliches Eingreifen erholte sich die Gemeinde, es floss Geld für das Gebäude, verantwortungsvolle Beziehungen wurden aufgebaut – und heute ist *Willow Creek* eine blühende Gemeinde. Auch ich selbst fing mich wieder und begann, in meinem persönlichen Leben für ein besseres Gleichgewicht zu sorgen. Ich brachte meine Beziehung zu meiner Frau in Ordnung und gab meinen Kindern den Vorrang. Auch meine äußere Lebenssituation verbesserte sich. Heute lebe ich in einem gemütlichen Haus und muss mich nicht mehr darum sorgen, wie ich die nächste Rate für die Hypothek oder die nächste Mahlzeit bezahlen soll. Das Leben ist nicht mehr annähernd so kompliziert, wie es einmal war.

So sieht die äußere Situation aus. Doch in meinem Innern, wo sich mein Glaube an der Wirklichkeit reibt, sieht es wieder ganz anders aus. In meinem Herzen scheint das Leben komplizierter denn je zu sein. Selbstverzicht ist für mich zu einer Alternative unter vielen geworden und daraus erwächst neuer Druck.

In den ersten Jahren meines Dienstes, als Lynne und ich nur mit Mühe unseren Lebensunterhalt bestreiten konnten, mussten wir keine Entscheidungen in Bezug auf Selbstverzicht fällen. Unsere Reaktion auf Gottes Ruf erforderte Selbstverzicht. Die Gründung einer Gemeinde ohne Geld, ohne Menschen und ohne ein Gebäude waren unvermeidlich mit Selbstverzicht verbunden. Wir lebten mit wenigem, weil wir dazu gezwungen waren. Wir gaben den Zehnten von dem wenigen, das wir besaßen, weil die Gemeinde darauf angewiesen war, und wir arbeiteten im Dienst für die Gemeinde, weil es so viel zu tun gab und nur wenige für diese Arbeit zur Verfügung standen. In gewisser Weise vollzog sich der Selbstverzicht ganz von selbst.

Das heißt aber nicht, dass es einfach gewesen wäre. Ich glaube, dass Gott diese Jahre gebrauchte, um mich von jeglicher Abhängigkeit von Menschen oder Dingen zu befreien – ich sollte nur von ihm abhängig sein. Zuerst nahm er die materiellen Dinge weg, die in meiner Jugend für Vergnügen und Spaß gesorgt hatten. Danach zerbrach er meinen Stolz. Er sorgte dafür, dass ich so bedürftig war, dass ich die liebende Unterstützung innerhalb der Familie Gottes erfahren musste. Manchmal ließ er zu, dass ich keinerlei Anerkennung von außen erfuhr, damit ich mich ganz allein auf sein Ja zu meinen Handlungen stützte. Er ließ auch zu, dass ich beinahe alles verloren hätte und mein Werk auseinander brechen sah. Mit Macht und Beständigkeit führte Gott mich abwärts, um nach und nach all die Kanten und Ecken meiner Persönlichkeit zu glätten, die mich an einem wirkungsvollen Dienst gehindert hätten.

Von außen betrachtet würden mich heute viele als „erfolgreich" bezeichnen. Die *Willow Creek*-Gemeinde ist in ganz Amerika und darüber hinaus bekannt. Ich beziehe ein angemessenes Einkommen und habe eine Reihe von Büchern geschrieben. Einige könnten auf Grund der aufsteigenden Entwicklung in meinem Leben behaupten, ich sei nicht glaubwürdig genug, um ein Buch über den Weg nach unten zu schreiben. Vielleicht haben sie Recht. Wenn unser Abstieg hinein in Gottes Größe daran gemessen werden kann, wie wenig wir verdienen oder wie niedrig unsere berufliche Stellung ist oder wie unbekannt wir sind, dann würde ich dem zustimmen. Doch ist eine solche Annahme korrekt? Sind Gehalt und Titel und Anerkennung – beziehungsweise das Fehlen dieser Dinge – wirklich der Maßstab für das Herz eines Menschen?

Die wahren Geschichten von Menschen, die wir in diesem Buch abgedruckt haben, vermitteln uns eine andere Botschaft. In den vorangegangenen Kapiteln haben Sie von Menschen gelesen, deren Hintergründe, Berufe, soziale Stellungen und wirtschaftliche Situation völlig unterschiedlich sind. Diese Personen haben nur eines gemeinsam – den Wunsch, in ihrem Leben Loslassen und Selbstverzicht zu verwirklichen, um Gottes Königreich voranzubringen. Für jeden ist der Weg ein anderer, je nach Leitung des Heiligen Geistes in seinem persönlichen Leben. Keiner von ihnen hat die unterste Sprosse der Leiter erreicht, geschweige denn anvisiert. Es ist ein ständiger Kampf auf einem Weg, der mit überraschenden Momenten der Freude gepflastert ist.

In meiner derzeitigen Lebenslage ist der Weg des Selbstverzichts kompliziert geworden. Die Wege, die vor mir liegen, sind größtenteils nicht so beschaffen, dass der Selbstverzicht automatisch erfolgt. Mein Dienst für Gott erfordert nur noch selten den Lebensstil und die finanzielle Situation, die ich zuvor erlebt habe. Nun muss ich bewusste Entscheidungen fällen, um Selbstverzicht zu realisieren. Vor fünf Jahren beschloss ich, mein Gehalt bei der *Willow Creek*-Gemeinde einzufrieren. Einerseits wollte ich damit die Gemeinde vor Medienberichten über das sechsstellige Gehalt ihres Hauptpastors bewahren. Aber der wirklich entscheidende Beweggrund war, dass ich nicht einem ständig „aufsteigenden" Lebensstil Tür und Tor öffnen wollte. Wenn wir für die Gemeinde oder für einzelne bedürftige Menschen Geld spenden, versuchen meine Frau und ich, dabei aufrichtig und großzügig die Anweisungen des Heiligen Geistes zu befolgen. Wir durften Bedürftigen in verschiedenen Teilen der Welt helfen und die Ausbildung einiger Personen unterstützen, die sich eine Berufsausbildung zum pastoralen Dienst nicht leisten konnten.

Ich erwähne das nicht, um auf unsere Gaben hinzuweisen – wir haben nie etwas in helden- oder ehrenhafter Weise gegeben –, sondern um zu betonen, dass es auch für uns ein Kampf ist. Ich kämpfe täglich mit bestimmten Fragen. Versage ich in Bezug auf Philipper 2, weil ich den Überschuss meines Einkommens nicht wie vor zehn Jahren an die Gemeinde weitergebe? Ist es falsch, Geld für die Hochschulausbildung meiner Kinder zurückzulegen? Würde ich einer besonders Not leidenden Person eher durch meine finanzielle Unterstützung helfen oder dadurch, dass ich ihr die Folgen ihres unverantwortlichen Handelns vor Augen führe?

Erfolg bringt nicht nur schwierige Entscheidungen über die Verwendung unseres Geldes mit sich; Erfolg erfordert auch harte Arbeit, um eine gesunde innere Haltung zu bewahren. Lynne und ich können heute neue Dienste ins Leben rufen, neue Botschaften bringen, neue Bücher schreiben – ohne dass wir dafür Selbstverzicht üben müssten. Wir werden für unsere Bemühungen großzügig belohnt. Aber diese Belohnungen bergen eine Reihe neuer Haken in sich. Mit Anerkennung und Überfluss geht die Versuchung einher, „höher von sich zu denken, als zu denken sich gebührt“. Je mehr Zeit wir mit einflussreichen Menschen verbringen, desto leichter lassen wir uns in die Falle der Macht locken. Wenn man mit den Besitzenden zusammen ist, vergisst man leicht diejenigen, die nichts haben.

Es gab eine Zeit, in der ich ernsthaft darüber nachdachte, mich aus dem Rampenlicht zurückzuziehen und mich wieder auf die Zeit zu besinnen, als der Weg des Selbstverzichts weniger eine Entscheidung als vielmehr eine Notwendigkeit war. Doch ich glaube, dass ein unklares Verständnis darüber, was Selbstverzicht ist, für solche Gedanken verantwortlich war. Meine damalige Vorstellung machte Positionen, Titel und Gehälter zu Indikatoren für den Selbstverzicht. In Wahrheit geht es weniger darum, über wie viel Macht wir verfügen, als vielmehr darum, wie wir diese Macht gebrauchen. Es geht nicht um die Höhe des Gehaltsschecks, sondern darum, was wir mit diesem Geld anfangen. Die Frage lautet: Wie gehen wir mit unserer Existenz und mit den Gaben um, die wir erhalten haben – seien es Geld, Autorität, Talent oder Einfluss? Die Antwort auf diese Frage wird durch unser Lebensziel bestimmt. Wessen Plan wollen wir zur Anwendung bringen? Unseren eigenen Plan oder den Plan Gottes?

Macht, Geld und Talente – wenn wir diese Gaben für uns selbst verwenden, dann können wir damit unseren äußeren Schein aufpolieren. Doch erst wenn wir unsere Mittel in den Dienst für Gott stellen, werden wir einen inneren Glanz erfahren. Und zwischen dem äußeren und dem inneren Glanz besteht ein himmelweiter Unterschied. Für jeden von uns ist eines entscheidend: Wir müssen bereitwillig, mit der Bereitschaft nachzugeben, gehorsam und verfügbar für Gottes Ruf an uns sein.

Dies ist zugleich schwieriger und einfacher, als es scheint. Einerseits neigen die Dinge, wenn wir sie nicht klar definieren können, dazu, schwammig zu werden. Der „Weg nach unten“ ist mit Mehrdeutigkeiten gepflastert. Andererseits blähen wir die Frage oft unnötig auf. Ich habe herausgefunden, dass der echte Kampf um Selbstverzicht auf dem Schlachtfeld der „kleinen“, alltäglichen Entscheidungen ausgefochten wird. Die kleinen Wegweisungen des Heiligen Geistes sind leicht zu ignorieren; wenn wir keine Gemeinschaft mit Gott haben, werden wir sie noch nicht einmal zur Kenntnis nehmen. Doch gerade diese kleinen Hinweise sind die Steine, die den Weg der Demut pflastern.

Ein Beispiel: Vor kurzem war ich auf dem Flughafen. Es war furchtbar viel los und ich war sehr in Eile. Einige Flüge waren annulliert worden, und ich stand mit anderen Menschen, die ebenfalls einen der begrenzten freien Plätze ergattern wollten, in einer Warteschlange. Es war das reinste Chaos; der Ärger war deutlich spürbar und lautes Fluchen war zu hören. Ich schaute auf die Uhr, überschlug im Kopf, wie viele Minuten mir noch bis zum Abflug blieben, und sah plötzlich einen etwa 80-jährigen Mann und eine Frau, die verzweifelt versuchten, den hektisch hin- und herlaufenden Menschen aus dem Weg zu gehen. Der Mann konnte noch nicht einmal seinen Koffer tragen. Mit Hilfe seiner Frau versuchte er, das Gepäck hinter sich herzuziehen. Ständig stießen sie mit Leuten zusammen, die eilig in die entgegengesetzte Richtung liefen. Sie sahen aus wie Tiere, die von Scheinwerfern geblendet werden, die Augen voller Furcht. In diesem Moment spürte ich, wie der Heilige Geist mir einen Wink gab und deutlich machte, dass ich diesen beiden Personen helfen sollte. Ich schaute erneut auf die Uhr – ich würde meinen Flug verpassen.

Die Entscheidung, die ich zu treffen hatte, hing keineswegs mit Macht, Geld, Fähigkeiten oder Einfluss zusammen. Es ging darum, ob ich bereit war, auf Gottes Wirken zu antworten und verfügbar zu sein. Der Heilige Geist forderte mich auf, dem älteren Paar mit ihrem Gepäck und ihren Flugverbindungen zu helfen, und diese Aufforderung erforderte Gehorsam. Wenn er mich aufgefordert hätte, ein Flugzeug zu chartern, hätte ich genauso gehorchen müssen. Die Haltung des Selbstverzichts ist mit meiner Bereitschaft zum Gehorsam verknüpft, nicht mit dem Inhalt der Forderungen, die der Heilige Geist stellt.

Die Entscheidungen, die ich auf dem Weg des Selbstverzichts treffe, sind meine Entscheidungen. Manchmal bin ich der Leitung des Heiligen Geistes nicht gehorsam und gehe meinen eigenen Weg – das Ergebnis sind erfahrungsgemäß Leere und Enttäuschung. Manchmal mache ich einen tiefen Kopfsprung für andere und bin von Erfüllung und Freude überwältigt.

Auch Sie müssen diese Entscheidungen treffen; Entscheidungen auf dem Weg des Selbstverzichts und der Demut. Ich kann Ihnen nicht vorschreiben, wie Sie sich entscheiden sollen, genauso wenig wie Sie das für mich tun können. Aber eines kann ich Ihnen sagen: Es ist ein Abenteuer, den Weg nach unten zu gehen. Er führt zur wahren Größe.

Diskussionsleitfaden

Für die meisten von uns ist der Weg nach unten nichts, das automatisch geschieht. Wenn wir aus einem Flugzeug springen, vollzieht sich das Herabfallen dagegen ganz von allein. Im geistlichen Bereich können wir uns aber nicht auf die Gesetze der Schwerkraft verlassen. Hier erfordert der Prozess der Erniedrigung und des Selbstverzichts eine Menge bewusster und energischer Entscheidungen.

Dieser Gesprächsleitfaden ist als praktische Hilfe gedacht. Ohne die Ermutigung, die Ideen, die Erfahrungen, die Konfrontationen und die Beispiele, die wir einander geben, kann wohl niemand von uns hoffen, den schwierigen, oft schmerzvollen und letztendlich freudigen Weg nach unten zu schaffen, der zur von Gott verliehenen Größe führt.

Genau wie das Leben des Gläubigen ist auch dieses Buch im Rahmen von Beziehungen anzuwenden. Sie können den Diskussionsleitfaden für Gespräche in Kleingruppen verwendet, aber auch im Rahmen des Selbststudiums durcharbeiten. Wir glauben jedoch, dass die besten Ergebnisse in Kleingruppen erzielt werden können.

Vorab ein paar Hinweise zur Verwendung des Diskussionsleitfadens:

- *Bereiten Sie sich gründlich vor.* Die Fragen ergeben sich direkt aus dem Inhalt der einzelnen Kapitel dieses Buches. Wenn Sie sich nicht mit dem Material vertraut machen, droht Ihr Gespräch, unnatürlich und gekünstelt zu werden.

- *Seien Sie aufrichtig.* Überlegen Sie nicht, welche Antwort von Ihnen erwartet wird. Geistliches Wachstum setzt voraus, dass wir uns selbst und anderen gegenüber ehrlich sind. Versuchen Sie nicht, sich hinter Scham, Stolz oder Verlegenheit zu verstecken.
- *Seien Sie kritisch.* Versuchen Sie, das Gesagte stets zu begreifen. Akzeptieren Sie nicht einfach alles, weil es so in diesem Buch steht oder weil jemand anderes es sagt. Wenn es Ihnen schwer fällt, konkrete Fragen zu formulieren, dann stellen Sie kurze Fragen wie zum Beispiel: „Wie meinen Sie das?“, „Können Sie ein Beispiel geben?“, oder: „Diese Aussage bereitet mir Probleme. Können Sie mir helfen, sie besser zu verstehen?“
- *Gehorchen Sie der Leitung des Heiligen Geistes.* Achten Sie auf eine Ausgewogenheit zwischen Struktur und Spontaneität. Zwingen Sie sich nicht dazu, jede einzelne Frage zu beantworten oder jede Aufgabe zu erfüllen. Jede Einzelperson und jede Gruppe weisen eine andere Dynamik auf, und so werden manche Fragen lebhaftes Interesse wecken, andere dagegen für weniger Gesprächsstoff sorgen.
- *Wählen Sie einen Leiter* (sofern es sich um eine Gruppe handelt). Gute Gespräche entstehen selten „von selbst“. Ein Leiter (vorzugsweise eine Person, die über Führungsqualitäten und Unterscheidungsvermögen verfügt) sollte gewählt werden, um die Verantwortung für den Ablauf der Gespräche zu übernehmen und um dafür zu sorgen, dass sich alle an der Diskussion beteiligen (können).
- *Erinnern Sie einander immer wieder an Ihre Verantwortung.* Neben der Beteiligung an den Gesprächen und Aktivitäten der Gruppe könnte der Leiter jedem Teilnehmer einen Partner zuteilen, der ihn im Laufe der Woche immer wieder an seine Verantwortung und die Entschlüsse erinnert. Solche Zweier-Beziehungen sollen dazu dienen, Fortschritte und Entwicklungen festzuhalten, und sind oft die beste Möglichkeit, die Kluft zwischen Wollen und Handeln zu schließen.

Anmerkung für den Gesprächsleiter: Einige Fragen erfordern Vorbereitung und ein bestimmtes Material für die Gruppenarbeit. Vergewissern Sie sich, dass Sie sich mit allen Fragen vertraut gemacht haben, und markieren Sie Punkte, die eine besondere Vorbereitung erfordern.

Kapitel 1: Der Weg, der zur Größe führt

1. Versuchen Sie, als Gruppe über positive Assoziationen für die Begriffe „abwärts" bzw. „nach unten" und negative Assoziationen für den Begriff „aufwärts" bzw. „nach oben" nachzudenken. Wie wurden diese Begriffe in unserer Kultur gefärbt? Welche Bedeutung haben wir diesen Begriffen zugeteilt? Ist die Behauptung des Autors wahr: „So wie eine Kompassnadel nach Norden zeigt, so zeigt die Nadel des menschlichen Herzens nach oben?"
2. Schauen Sie sich als Gruppe eine halbe Stunde lang das Fernsehprogramm während der Hauptsendezeit an. Achten Sie besonders auf die Werbespots. Welche Botschaften über Erfolg, Besitz und Karriere werden vermittelt? Machen Sie sich Notizen. Diskutieren Sie anschließend vor dem Hintergrund von Kapitel 1 über das Gesehene.
3. Gott sei Dank sind die 1980er Jahre vorüber. Yuppies sind nicht mehr „in". Das Jahrzehnt, das von materieller Ausschweifung geprägt war, verblasst. Kann man also davon ausgehen, dass unsere individuellen und kollektiven Zwänge bezüglich Macht, Geld und materiellem Besitz ebenso verblassen? Oder sind diese egoistischen Neigungen nur besser versteckt?
4. Auf Seite 16 schreibt der Autor: „Die einfache Aussage dieses Kapitels lautet: ‚Wenn du wirklich groß sein willst, dann musst du dich selbst klein machen. Du musst Selbstverzicht praktizieren, um Größe zu erlangen.' Im Kern dieser scheinbaren Widersinnigkeit befindet sich ein weiteres Paradoxon: Größe ist kein Maßstab für Eigenwillen, sondern vielmehr für Hingabe. Je mehr du verlierst, desto mehr gewinnst du." Sind Sie der Meinung, diese Behauptung gehe ein wenig zu weit und predige Strafe und Selbstgeißelung im Namen des christlichen Glaubens?
5. Die Autoren fordern ihre Leser zum Loslassen auf: Sie sollen auf selbstsüchtige Ambitionen, den Wunsch, alles zu kontrollieren, ihren Hunger nach „Action" und, wenn nötig, sogar auf das eigene Leben verzichten. Welcher dieser Aspekte ist für Ihr tägliches Leben oder Glück besonders wichtig? Wie kann man ganz praktisch von diesen ungesunden Bedürfnissen frei werden? Schließlich gibt es keinen Knopf, den man einfach an- oder abschalten kann.

Aufgabe: Diskutieren Sie in der Gruppe über folgende Frage: Wer wird in unserer Kultur als Held oder Vorbild angesehen? Erstellen Sie eine Liste mit zehn Namen. Jeder Teilnehmer sollte dann einen dieser Namen auswählen und für das nächste Treffen einige Nachforschungen über die betreffende Person anstellen. Zu Beginn des nächsten Treffens sollte dann jeder Teilnehmer eine kurze Darstellung der von ihm gewählten Person abgeben.

Kapitel 2: Die zwei Könige

Fortsetzung: Besprechen Sie in der Gruppe die Ergebnisse der einzelnen Nachforschungen über die gewählten gesellschaftlichen Helden und Vorbilder. Welche Schlüsse kann man daraus ableiten?

1. Lesen Sie Matthäus, Kapitel 2. Welche Beobachtungen machen Sie bzw. wie sehen Ihre spontanen Reaktionen aus?
2. Ist Herodes' Strategie zur Machterhaltung zum Scheitern verurteilt? Wie sieht es mit diktatorischen Regimen aus, die aktuell oder in der jüngeren Vergangenheit ihre Bürger unterdrücken oder unterdrückt haben: China, Somalia, Bosnien usw.? Macht ist offenbar wirkungsvoll; können wir also Herodes für sein Verhalten verurteilen? Hat er nicht ganz einfach das getan, was pragmatisch war?
3. Man könnte einwerfen, Herodes sei einfach ein Beispiel für einen unzurechnungsfähigen Herrscher. Welche Aspekte der Herrschaft Herodes' sind in unserer heutigen Welt erkennbar? In unserer Nachbarschaft, Gemeinde oder an unserem Arbeitsplatz? In unserem eigenen Herzen?
4. Stimmt es nicht, dass die Menschen dazu neigen, jemanden auszunutzen, der sich darum bemüht, selbstlos zu handeln? Haben Sie selbst diese Erfahrung schon einmal gemacht? Wie könnten Sie verhindern, dass Sie für die egoistischen Ziele eines anderen ausgenutzt werden, während Sie dienen?
5. Denken Sie an zwei Begräbnisse zurück, an denen Sie teilgenommen haben. Versuchen Sie, sich auf eine Person zu besinnen, die während ihres Lebens hauptsächlich mit sich selbst beschäftigt war, und auf eine zweite, deren Leben in erster Linie im Dienst für Gott

und andere stand. Gab es beim Beerdigungsgottesdienst auffällige Unterschiede? Wenn ja, welche?

Aufgabe: Erstellen Sie eine Liste von fünf Menschen, die Sie bewundern und respektieren. Welche Merkmale heben diese Personen in Ihren Augen besonders hervor? Lesen Sie Philipper 2.Wie viele der von Christus gezeigten Eigenschaften treffen auf die Menschen auf Ihrer Liste zu? Ist Größe mit dem von Christus vorgelebten Leben verbunden – selbst in den Köpfen der Menschen dieser Welt, wenn auch unbewusst?

Kapitel 3: Lance Murdock – Die Handelskammer und das Königreich Gottes

Fortsetzung: Diskutieren Sie kurz über die Liste der „Helden" und ihr Bezug zu den Eigenschaften Christi (vgl. Philipper 2).

1. Fahren Sie als Gruppe durch einen Teil Ihrer Stadt, in dem die „Besserverdienenden" leben. Machen Sie eine Bestandsaufnahme der Gefühle, die Sie beim Durchfahren dieses Stadtteils empfinden (z. B. Ärger, Sorge, Entrüstung, Neid). Nach der Rückkehr sollten Sie sich zehn Minuten Zeit nehmen, um Ihre Gefühle aufzuschreiben. Diskutieren Sie anschließend in der Gruppe darüber.
2. Sprechen Sie über das Leben von Lance Murdock – allgemeine Reaktionen, Beobachtungen, Kommentare.
3. Sprechen Sie über zwei Ihnen bekannte Personen, die über Macht, Geld und Besitz verfügen. Wie gehen sie mit ihren Mitteln um? Wie denken sie über die Zukunft? Machen sie allgemein eher einen entspannten oder einen nervösen Eindruck?
4. Ist es für Christen in Ordnung, reich zu sein? Wenn es in der Nachbarschaft und weltweit Menschen gibt, die Hunger leiden, wie können dann ausgerechnet Christen ein Übermaß an Reichtum rechtfertigen?
5. Bevor sich Murdock für Jesus Christus entschied, war er nach seiner eigenen Beschreibung ein stolzer Mensch, der sich sogar selbst täuschte. Die Autoren schreiben: „Ungefähr das Einzige, was Mur-

dock fehlte, war eine demütige Haltung.“ Er war ein selbstgefälliger Mensch, der sich unter Kontrolle hatte und eine Maske der Anständigkeit trug – von der allerschlimmsten Sorte. „Es war eine geplante Selbstgefälligkeit“, sagt Murdock. Ist es möglich, gut zu sein, ohne auch gleichzeitig demütig zu sein?

Aufgabe: Als Vorbereitung auf das nächste Kapitel sollten Sie sich Zeit nehmen, um sich auf einen Abschnitt auf Seite 58 zu konzentrieren: „Der Schriftsteller Scott Peck hat die Beobachtung gemacht, dass die Menschen unglaublich weit gehen, um Schmerz oder Unbehagen zu vermeiden – in der Ehe, als Eltern, in ihrem Berufsleben und in beinahe jedem Lebensbereich. Anstatt sich mit Problemen auseinander zu setzen – was zu Konflikten führen könnte –, ziehen es viele Menschen vor, sie zu ignorieren oder ihre Energie in etwas anderes zu investieren – Sport, Alkohol, Sex, Shopping, Essen –, um so ein einigermaßen überzeugendes Image von Frieden und Beschaulichkeit zu schaffen. Doch ein solcher Friede ist nicht echt und die Beschaulichkeit kostet viel. Sie wird um den Preis der Wirklichkeit und des persönlichen Wachstums erkauft.“ Sind Sie der Meinung, dass dies auf bestimmte Bereiche Ihres Lebens zutrifft? Stellen Sie eine Liste dieser Bereiche zusammen. Wie könnten Sie beginnen, Ihre Angst zu überwinden, um in diesen Bereichen Wachstum zu erleben? Notieren Sie ein paar Ideen.

Kapitel 4: Außerhalb der bequemen Lebenswelt

1. Nehmen Sie sich zehn Minuten Zeit, um in zwei Sätzen eine Definition von „nichts“ zu formulieren (Sie sollten jedoch kein Wörterbuch zu Hilfe nehmen). Lesen Sie die einzelnen Definitionen laut in der Gruppe vor. Welche Schlussfolgerungen lassen sich ableiten? Was denken Sie über diese Definitionen angesichts der Tatsache, dass „Christus sich selbst zu nichts machte“?
2. Lesen Sie Johannes 6, Vers 29: „Jesus antwortete: Dies ist das Werk Gottes, dass ihr an den glaubt, den er gesandt hat“ (Elberfelder Übersetzung). Was denken Sie über das „Werk“, von dem in diesem Vers die Rede ist? Widerspricht der Vers Ihrer Vorstellung von

„Werk“? Welche Motivationen liegen Ihrem Dienst zu Grunde? Hinterfragt dieser Vers Ihre Motivationen?

3. Auf Seite 55 schreibt der Autor: „Wir sollen Jesus Schritt für Schritt auf der nach unten führenden Leiter des Selbstverzichts folgen, indem wir selbstsüchtige Interessen aufgeben. Doch dieser Prozess vollzieht sich nicht einfach von selbst. Genau wie Jesus müssen auch wir Tag für Tag aktive und willentliche Entscheidungen treffen, um uns ‚nach unten‘ zu bewegen. Und nach dem Vorbild Christi müssen wir uns Gottes Logik zu Eigen machen. Wir müssen glauben – so schmerzlich das auch oft ist –, dass der Abstieg der einzige Weg zum Aufstieg ist.“ Teilen Sie sich in Zweiergruppen auf und diskutieren Sie über praktische Möglichkeiten, „sich selbst zu nichts zu machen“. Sprechen Sie danach in der Gruppe über die gesammelten Ideen.
4. *Fortsetzung:* Sprechen Sie über die Ergebnisse Ihrer persönlichen Bestandsaufnahmen. Weichen Sie der Veränderung aus, um Schmerz zu vermeiden? Wie machen Sie das? Wie nutzen Sie Ihre Energien? Wie könnten Sie erste Schritte gehen, um durch Mühe und Schmerzen persönliches Wachstum zu erlangen? (An den Leiter: Üben Sie keinen Druck aus, damit jeder an dieser Diskussion teilnimmt – es sollten sich nur diejenigen beteiligen, die vom Heiligen Geist entsprechend geführt werden.)
5. Auf Seite 60 heißt es: „Tatsache ist: Solange wir zulassen, dass die Angst vor Schmerzen oder Versagen uns in unserer Bequemlichkeit festhält, werden wir ständig in den vertrauten Abläufen stecken bleiben – in der Eintönigkeit vorhersehbarer Tage, Monate und Jahre.“ Trifft diese Beschreibung in der einen oder anderen Weise auf Ihr Leben zu?

Aufgabe: Wir haben häufig Schwierigkeiten, dem Beispiel Jesu zu folgen, weil es uns schwer fällt, sein Beispiel in unsere heutige Zeit zu übertragen. Schreiben Sie eine zwei Seiten lange Geschichte über ein mögliches „durchschnittliches“ Vorkommnis im Leben Jesu. Zum Beispiel: Jesus kauft Motoröl oder spielt als Vierjähriger mit Lego-Steinen. Versuchen Sie auf diese Weise, die Menschlichkeit Jesu besser zu verstehen.

Kapitel 5: Dr. Jim Judge – Nach Afrika

Fortsetzung: Lesen Sie die einzelnen Geschichten über ein fiktives typisches Vorkommnis im Leben Jesu. Diskutieren Sie in der Gruppe über die einzelnen Geschichten. Was enthüllen diese über Jesus, über jeden von uns und über die Schwierigkeit, dem Beispiel Jesu zu folgen?

1. Allgemeine Reaktionen auf die Geschichte von Dr. Jim Judge.
2. Auf Seite 63 heißt es: „Schließlich war er bereit, einen neuen Weg einzuschlagen. Auf diesem Weg lernte er eine ganze Menge über Gehorsam, Hingabe und das Loslassen seines ‚Bedürfnisses' nach Sicherheit und Komfort." Warum sollten wir uns von Sicherheit und Komfort loslösen? Sind dies nicht legitime Bedürfnisse? Will Gott denn nicht, dass wir diese Dinge haben? Wo befindet sich die Grenze zwischen „die Dinge unter Kontrolle haben" und den Gebrauch des gesunden Menschenverstands? Will Gott nicht, dass wir planen?
3. Fühlen Sie sich nach der Lektüre der Geschichte von Dr. Judge noch weniger im Stande, Gott zu dienen? Schließlich verfügen Sie wahrscheinlich nicht über außergewöhnliche Talente oder die Fähigkeit, andere zu heilen, oder Sie haben nicht das Geld und die Mittel wie ein solcher Arzt. Wie könnten Sie trotzdem etwas bewegen?
4. Auf Seite 68 schreiben die Autoren: „Nachdem Jim Judge Jesus Christus in sein Leben aufgenommen hatte, änderten sich seine Pläne, denn er begann, Gott in sie einzubeziehen. Doch in gewisser Weise fühlte er einen noch größeren Druck, den richtigen Plan auszuführen. Er hatte nun die zusätzliche Verantwortung, sicherzugehen, dass seine Planungen auch dem Willen Gottes entsprachen. Kontrolle war dabei von wesentlicher Bedeutung." Kennen Sie dieses Gefühl? Haben Sie den Eindruck, dass der christliche Glaube Ihr Verantwortungsgefühl intensiviert und dass Sie stark und klug genug sein müssen, um diese Last zu tragen?
5. Manchmal scheinen selbst unsere größten Anstrengungen schief zu laufen. Wenn wir Gott aufrichtig dienen, scheinen sich die Umstände oft gegen uns zu wenden. Dr. Judge machte in seinem ersten

Missionsdienst diese Erfahrung: „Dann bekam Jim Malaria. ‚Stellen Sie sich die schlimmste Grippe Ihres Lebens plus einen Gehirntumor vor, und Sie wissen, wie ich mich fühlte.'" Erinnern Sie sich noch an einen Augenblick in Ihrem Leben, als Ihr Dienst scheinbar fehlschlug. Wie haben Sie darauf reagiert? Haben Sie den Eindruck, dass dieses Ereignis immer noch negative Auswirkungen auf Ihre Dienstbereitschaft hat?

6. Es ist durchaus möglich, in eine Gemeinde eingebunden zu sein und doch vom wahren Glauben abzufallen. Genau das passierte der Familie Judge. „Einige Jahre lang waren die Judges in wichtige christliche Aktivitäten eingebunden. Jim predigte in der Gemeinde und gehörte bald zu deren leitenden Mitarbeitern. Doch im Laufe der Zeit hatten Jim und Cindy den Eindruck, dass ihr einst lebendiger und von Begeisterung geprägter Glaube zu einem bloßen Lebensstil wurde." Ist dies auch schon einmal in Ihrem Leben vorgekommen? Warum? Haben Sie diese Haltung überwunden und wenn ja, wie? Welche Schritte können wir tun, damit Glaube mehr wird als bloße Religion?

Aufgabe: Denken Sie über zwei praktische (vielleicht kleine) Möglichkeiten nach, jemandem in Ihrer Nähe zu dienen. Setzen Sie diese Möglichkeiten in der folgenden Woche um.

Kapitel 6: Liebe voller Überraschungen

Fortsetzung: Haben Sie Ihren Dienst verbessert? Sprechen Sie darüber, wie Sie jemandem gedient haben und was dann geschah.

1. Auf den ersten beiden Seiten dieses Kapitels beschreibt der Autor zwei Menschen mit gegensätzlichen Perspektiven und Lebensstilen. Benennen Sie zwei Personen in Ihrem eigenen Leben, die offenbar unterschiedliche Wertesysteme verkörpern.
2. Auf Seite 81 schreiben die Autoren: „Immer weniger Entscheidungen wurden auf der Grundlage von Werten, Moralvorstellungen und einem Gefühl für Gerechtigkeit getroffen. Stattdessen stand die persönliche Gier im Vordergrund: ‚Werden meine Bedürfnisse

erfüllt? Wird mein sexueller Hunger gestillt? Wird mein Durst nach mehr gelöscht? Wird meine Machtgier befriedigt?' Das entscheidende Wort lautete ‚mein'." Überfliegen Sie in der Gruppe die Titelseite einer Zeitung. Wie viele Artikel können direkt auf Entscheidungen zurückgeführt werden, die sich um „Gier" drehten?

3. Auf Seite 84 lesen wir: „Petrus' Verhalten illustriert die Langlebigkeit und Zähigkeit der ‚Ich zuerst'-Haltung. Es handelt sich nicht einfach um ein Beziehungsproblem, eine leichte psychologische Milieustörung oder eine Auswirkung fehlerhafter Erziehung. Es gibt keine Medizin dagegen, man kann diese Haltung auch nicht durch eine Psychotherapie überwinden oder ihr durch Biofeedback entfliehen. Jesus sagt uns, dass es sich um eine Krankheit handelt, die ihren Ursprung in der Hölle hat und die tief in unserem menschlichen Herzen verwurzelt ist. Ohne radikale Maßnahmen wird sie unser Leben austrocknen und verhindern, dass wir wahre Erfüllung finden – sie wird uns unsere ewige Seele kosten." Stimmen Sie dem zu? Wenn ja, wie lauten diese notwendigen „radikalen Maßnahmen"?
4. Die Widersprüchlichkeit im Bereich des Dienens besteht nach Ansicht der Autoren darin, dass wir durch Geben Befriedigung, Erfüllung und Freude erfahren. Glauben Sie, dass das stimmt? Erinnern Sie sich an spezifische Momente in Ihrem Leben, in denen Sie genau diese paradoxe Erfahrung gemacht haben?
5. Jesus sagte: „Ich bin euer Herr und Lehrer und doch habe ich euch eben die Füße gewaschen. Von jetzt an sollt ihr euch gegenseitig die Füße waschen. Ich habe euch ein Beispiel gegeben, damit auch ihr so handelt, wie ich an euch gehandelt habe" (Johannes 13,14–15). Bereiten Sie in Zweiergruppen je eine Schüssel mit Wasser und ein Handtuch vor, beten Sie füreinander und waschen Sie sich gegenseitig die Füße. Diskutieren Sie anschließend in der Gruppe über das, was Sie dabei empfunden haben.

Aufgabe: Sprechen Sie mit Menschen, die Sie in besonderer Weise für „Diener" halten. Reden Sie mit ihnen darüber, was das Dienen für sie bedeutet. Sie könnten etwa folgende Fragen stellen: „Welche Beweggründe stehen hinter Ihrem Dienst? Welche Belohnungen erhalten Sie? Inwiefern werden Sie mit Frust, Kampf und Sünde konfrontiert?" Versuchen Sie, solche Fragen selbst zu formulieren, und bemühen Sie sich, das Gespräch ungezwungen zu führen, am besten bei einer Tasse Kaffee. Nach diesem Gespräch sollten Sie zu Hause einige Ihrer Gedanken und Beobachtungen schriftlich festhalten.

Kapitel 7: Angie Garber – Als 80-Jährige in einem Navajo-Reservat

Fortsetzung: Was haben Sie aus Ihrem Gespräch mit einem „Diener" gelernt?

1. Allgemeine Reaktionen auf die Geschichte von Angie Garber.
2. Auf Seite 89 wird Angie zitiert: „Ich möchte keine Besitztümer haben. Wenn man Gegenstände liebt, dann gebraucht man Menschen." Auch Jesus machte dies deutlich, als er darauf hinwies: „Niemand kann zwei Herren zugleich dienen. Er wird den einen vernachlässigen und den anderen bevorzugen. Er wird dem einen treu sein und den anderen hintergehen. Ihr könnt nicht beiden zugleich dienen: Gott und dem Geld" (Matthäus 6,24). Glauben Sie wirklich, dass das stimmt? Warum beziehungsweise warum nicht?
3. Angie dient in einer von der Zivilisation abgeschnittenen Gegend einem Volk, das als „Randgruppe" gilt – sie hat sich für den größten Teil ihres Lebens von allem losgesagt, was die meisten Menschen zur Arbeit motiviert. Sie arbeitet nicht, um ihre Selbstachtung zu stärken oder von anderen bewundert zu werden, sondern aus Liebe zu Gott und den Menschen. Wie würden Sie wohl damit zurechtkommen, wenn Sie keinerlei Anerkennung für Ihre Arbeit erhielten? Ist es grundsätzlich falsch, Anerkennung zu suchen?
4. Auf Seite 93 heißt es: „Nur ein gebrochenes Herz kann wirklich lieben." Ist das nicht ein wenig übertrieben? Glauben Sie, dass das stimmt?
5. Angie hat so viele Jahre im Reservat zugebracht und weiß dennoch nicht, wie viele der Einheimischen ihr Leben tatsächlich Jesus Christus anvertraut haben. Wie passt das mit Seminaren und Büchern über Gemeindewachstum zusammen? Muss christlicher Dienst immer Wachstum hervorbringen? Was ist Ihrer Meinung nach der entscheidende Grund für Dienst?

6. Angie spricht viel über Liebe im Rahmen langlebiger Beziehungen. „Ich war lange genug hier draußen, um den Kindern von ihren Großeltern zu erzählen.“ Ist diese Art der Liebe auch in unserer entwurzelten und sich ständig ändernden Gesellschaft möglich? Kennen Sie zum Beispiel jemanden außerhalb Ihrer Familie, der mit Ihrer gesamten Lebensgeschichte vertraut ist?

Aufgabe: Lesen Sie zunächst das folgende Kapitel und verschaffen Sie sich danach als Vorbereitung auf das nächste Treffen einen Überblick über das Markus-Evangelium. Markieren Sie Gelegenheiten, bei denen Jesus auf Menschen einwirkte, die am unteren Ende der Hackordnung standen.

Kapitel 8: Die Hackordnung

1. Wählen Sie einen Ihrer Lebensbereiche: den Arbeitsplatz, Ihr Zuhause, einen Sportverein usw. Beschreiben Sie, wie die Rangordnung in diesem Lebensbereich aussieht. Wie wird das Verhalten der Beteiligten durch diese Ordnung beeinflusst? Inwiefern nimmt die Ordnung auch auf Ihr Verhalten Einfluss?
2. Nennen Sie mindestens eine Begebenheit aus Ihrem Leben, bei der Sie die in der Hackordnung über Ihnen Stehenden mit Respekt behandelt und die unter Ihnen Stehenden ignoriert haben.
3. *Fortsetzung:* Was stellten Sie beim Überfliegen des Markus-Evangeliums hinsichtlich des Verhaltens Jesu gegenüber den in der Hackordnung unten Stehenden fest? Wie war seine gesamte Haltung gegenüber der Hackordnung?
4. Jesus verfügte über die bemerkenswerte Fähigkeit, den Demütigen am unteren Ende der Hackordnung zu dienen und die Stolzen am oberen Ende der Hackordnung zurechtzuweisen, ohne defensiv oder erschöpft zu sein. Er gab sich selbst hin und schien immer kontrolliert und beherrscht zu bleiben. Wie schaffte er das? Lag es nur daran, dass er Gott war?
5. Die Autoren behaupten, dass die Hackordnung ausschließlich mit „Äußerlichkeiten“ zu tun habe. „Sie konzentrierten sich auf das Äußere – wie sie auf andere wirkten, was andere von ihnen dachten.

Daher schätzten sie die beeindruckenden Gebetsrituale und die für sie reservierten bevorzugten Plätze in der Synagoge. Sie liebten ihre besonderen Gewänder und die Art und Weise, wie die einfachen Leute zu ihnen aufsahen. Sie hatten einen Berg von Äußerlichkeiten und dadurch eine trennende Mauer errichtet. Sie benutzten ihre Titel und Quasten als sichtbare Zeichen dafür, dass es einen Unterschied zwischen ‚uns' und ‚ihnen' gab. Und ‚wir' waren natürlich weitaus besser als ‚sie'. Sie sahen das Leben aus der Sicht der Ansprüche. Es überrascht uns nicht, dass die Funken stoben, als Jesus mit den religiösen Führern zusammentraf. Jesus brauchte keine Äußerlichkeiten. Er hatte ja freiwillig auf alles verzichtet: auf seinen Titel als Eigentümer und Schöpfer, seine Position zur Rechten des Thrones Gottes und die Ehre, vom Kosmos angebetet zu werden. Um der Liebe willen und um trennende Wände einzureißen, machte Jesus sich von allen äußeren Ansprüchen los und wurde so anspruchsvoll wie ein nacktes, in einer Krippe geborenes Baby." Wie oft machen Sie sich schuldig, indem Sie wie die Pharisäer (und nicht wie Jesus) sind und trennende Wände aufrichten? Warum?

Aufgabe: Führen Sie in der kommenden Woche Tagebuch. Notieren Sie Ereignisse, die Sie innerhalb der Hackordnung erlebt haben. Achten Sie besonders darauf, ob Sie ein Opfer dieser Ordnung sind oder ob Sie sie selbst missbrauchen. Wie groß ist der Anteil des im Rahmen der Hackordnung gezeigten Verhaltens, das als eingefleischt und beinahe reflexartig zu bezeichnen ist? Wie können Sie die Auswirkungen der Hackordnung abmildern?

Kapitel 9: Mike Singletary – Mitten im Chaos

Fortsetzung: Reaktionen und Gedanken nach einer Woche Tagebucheintragungen bezüglich der Hackordnung.

1. Allgemeine Eindrücke zur Geschichte über Mike Singletary.
2. Im ersten Abschnitt der Geschichte heißt es: „Kurz nachdem Mike Singletary 1986 den ‚Super Bowl' gewonnen hatte, begann er, sich vor der Dunkelheit zu fürchten. Ganz im Ernst: Er ließ nachts beim

Schlafen das Licht an." Wie haben Sie auf diesen Abschnitt reagiert? Was sagt er über die Neigung aus, andere Menschen nach dem äußeren Schein zu beurteilen?

3. Haben Sie festgestellt, dass erfolgreiche Zeiten in Ihrem Leben oft zu Stolz und folglich zu geistlichem Versagen geführt haben? Sind Sie nun argwöhnisch, vorsichtig oder gar ängstlich in Bezug auf Erfolg geworden?
4. Auf Seite 112 sagt Singletary über seine geistliche Erneuerung: „Es kam gar nicht darauf an, wer ich war, sondern darauf, wer Gott ist." Wie interpretieren Sie diese Aussage? Ist dies eine andere, gleichwertige Definition für „Demut"?
5. Auf Seite 114 heißt es über Singletary: „Er war von dem Bedürfnis frei geworden, ein überwältigendes Ego befriedigen zu müssen; frei zum Gehorsam und zum Dienst an anderen." Wie gehen Sie mit Ihren Mitteln, Gaben und Ihrer Zeit um: Befriedigen Sie Ihr Ego oder dienen Sie anderen?

Aufgabe: Lesen Sie das folgende Kapitel (Gehorsam). Schauen Sie sich dann den Spielfilm „Schindlers Liste" an. Nach dem Film sollten Sie Ihre Gedanken schriftlich festhalten. Achten Sie besonders auf das Konzept der „Bestie in uns".

Kapitel 10: Wirklich leben bedeutet, zum Sterben bereit zu sein

1. Lesen Sie das Zitat von Dallas Willard auf den Seiten 121–122. *Fortsetzung:* Diskutieren Sie über Ihre Reaktionen auf den Film „Schindlers Liste" unter Berücksichtigung dieses Zitats.
2. Überfliegen Sie als Gruppe die Filmtitel in einer großen Lokalzeitung. Wie viele der Titel sind mit Gewalt verbunden? Was sagt das über unsere Gesellschaft, über uns, über Sie aus?
3. Aktuell wird in der Christenheit die Abwendung von Regeln diskutiert. Man sagt uns immer wieder, dass die Bibel keine Auflistung von Verhaltensweisen sei. Doch die Autoren behaupten: „Gehorsam ist die Eintrittskarte in die Freiheit." Widersprechen sich diese beiden Standpunkte?

4. Lesen Sie die Bergpredigt (Matthäus 5,1–11). Welche Bedeutung kommt in den Worten Jesu dem Gehorsam zu?
5. Sind Sie je an einen Punkt gekommen, an dem Sie geistlich verzweifelt waren? Haben Sie je das Gefühl gehabt, dass der Glaube einfach keinen Sinn ergibt? Wenn Sie solche Erfahrungen gemacht haben, reden Sie in der Gruppe darüber. Wie haben Sie diesen Tiefpunkt überwunden (oder vielleicht sind Sie noch dabei?)? Wo und wie fanden Sie die Kraft, dieses Tief zu überwinden?

Aufgabe: Führen Sie einen Schritt des Gehorsams aus (vgl. die Seiten 129–130; dort sind Beispiele aufgelistet).

Kapitel 11: Lorrie Shaver – Delta Airlines Flug 191

Fortsetzung: Tauschen Sie sich in der Gruppe über Ihre Gehorsamsschritte aus. Fanden Sie Kraft zur Ausführung dieser Schritte („Kraft für den Weg“)?

1. Allgemeine Reaktionen auf die Geschichte von Lorrie Shaver.
2. Lorrie Shaver beschloss, als Missionarin nach Frankreich zu gehen, und tat damit einen gehorsamen Glaubensschritt. Doch sie starb. Wo war die Kraft für den Weg? Können wir in einer Welt, in der solche Katastrophen willkürlich geschehen, wirklich auf Gott vertrauen?
3. Nach Darstellung der Menschen, die Lorrie kannten, war sie keine herausragende Persönlichkeit. Ihr Pastor sagt über sie: „Sie war ein absolut durchschnittliches Mädchen. Sie war eine ganz normale junge Frau ohne besondere Merkmale oder Talente – mit einer Ausnahme: Liebe. Sie liebte die Menschen auf eine ganz besondere Art und dadurch wurde sie selbst zu etwas Besonderem.“ Wenn eine junge Frau wie Lorrie ihre Umgebung so beeinflussen konnte, warum sollte nicht jeder von uns dasselbe tun können? Gibt es wirklich irgendwelche Entschuldigungen?
4. Lorrie erwarb sich den Ruf, ein liebender Mensch zu sein, indem Sie ganz „einfache“ Dinge tat. Am ersten Jahrestag des Todes ei-

ner Person, die ihrer Freundin nahe stand, rief sie diese Freundin an. Am zweiten Jahrestag schrieb sie einen Brief. Zerstreuen solche einfachen und dennoch bedeutsamen Handlungen nicht unsere Meinung, dass unser Dienst stets „spektakulär“ sein muss?

5. Zwei der zentralen Botschaften in Lorries Geschichte sind die Hoffnung auf den Himmel und das Leben im Heute. Wie können wir im Alltag Gehorsam leben und gleichzeitig auf die Zukunft hoffen?

Aufgabe: Denken Sie über kleine Möglichkeiten des gegenseitigen Dienens nach. Setzen Sie diese dann in die Praxis um.

Kapitel 12: Belohnung oder Geschenk?

1. Nehmen Sie sich 15 Minuten Zeit, um eine Bestandsaufnahme Ihres Wohnzimmers durchzuführen. Teilen Sie die dort befindlichen Dinge in drei Kategorien ein: Notwendigkeit, Wünsche, Luxus. Ordnen Sie dann jeden der größeren Gegenstände einer dieser drei Kategorien zu. Diskutieren Sie in der Gruppe über die Ergebnisse und über Ihre Reaktionen. Wie oft leben wir so, als ob alles in die Kategorie „Notwendigkeit“ fallen würde?
2. Auf Seite 145 lesen wir: „Das Ganze entbehrt nicht einer gewissen tragischen Ironie. Die Menschen, die dem amerikanischen Traum vom Erfolg nachjagen, suchen unermüdlich Komfort, Vergnügungen, Macht und Sicherheit. Und die meisten finden sich mit einem unerklärlichen Gefühl der Befremdung wieder – voller Bedauern und Kummer, kraftlos und unsicher.“ Glauben Sie, dass das wirklich stimmt? Haben Sie nicht manchmal den Wunsch, diese Aussage anzuzweifeln oder abzumildern?
3. Auf Seite 148 heißt es: „Doch wenn wir anderen dienen, damit wir selbst dadurch glücklich werden, ist das nicht eine andere, subtilere Form des Egoismus? Und wie lange werden wir weiterdienen, wenn damit Unbequemlichkeit, Schwierigkeiten und Schmerz verbunden sind?“ Wie oft basiert unser christlicher Dienst auf dem Gedanken, dass wir schon irgendwann angemessen dafür belohnt werden? Wie oft glauben wir, dass wir ein Recht auf Freude hätten?
4. Machen Sie auf der Grundlage folgender Aussage der Autoren eine

Bestandsaufnahme Ihrer Aktivitäten der letzten Tage: „Wir sollten in Erinnerung behalten, dass die Freude, über die Jesus sprach, eine andere ist. Sie hat wenig zu tun mit der Befriedigung kurzfristiger Wünsche und Impulse, vielmehr geht es bei dieser Freude darum, Gott zu gefallen.“ Verfolgten Ihre Tätigkeiten in erster Linie kurz- oder langfristige Ziele?

5. Die Autoren beschreiben Freude als etwas, das meistens ganz überraschend auftritt. Wann ist es Ihnen zum letzten Mal passiert, dass Ihr Weg als Christ unerwartet ein Freudentanz wurde?

Aufgabe: Kaufen Sie sich ein Album von Chuck Berry und tanzen Sie „The Twist“ (oder ein anderes fetziges Lied Ihrer Wahl).

Kapitel 13: John und Gwenn Tindall – Freude inmitten des Zerbruchs

Fortsetzung: Legen Sie in der Gruppe eine Chuck-Berry-Platte bzw. CD auf und tanzen Sie „The Twist“ (oder das andere Lied, für das Sie sich entschieden haben).

1. Allgemeine Eindrücke von der Geschichte über John und Gwenn Tindall.
2. Wie beten Sie? Ist Ihr Gebet wie bei Gwenn eine Art private Unterhaltung, in der selbst Kleinigkeiten erwähnt werden? Oder ist Ihre Gebetszeit eher formell und von der Realität der einzelnen Augenblicke des Tages abgekoppelt? Welcher Gebetsstil kommt Ihrer Meinung nach der Aufforderung des Apostels Paulus näher, „ohne Unterlass zu beten“?
3. Gwenn spürte nach ihren schlimmen Erlebnissen eine gewisse Furcht vor der zweiten Chance: „Es ist nicht so sehr die Furcht davor, dass es schief gehen könnte. Was könnte schlimmer sein als 16 Jahre mit einem selbstmordgefährdeten Alkoholiker? Es ist genau das Gegenteil: Da ist ein echtes Glückspotenzial – Gottes Geschenk, eine zweite Chance im Leben wahrzunehmen. Womit hat sie das verdient? Und wie kann sie sich davor bewahren, diese Chance durch Misstrauen zu zerstören?“ Haben Sie in irgend-

einer Form Angst vor Freude, dem Geschenk Gottes? Haben Sie in Ihrem Leben Platz für Lachen, Erfolg und Spaß?

4. Veränderung ist nicht einfach ein Geschenk; sie erfordert Disziplin. In Römer 12, Vers 2 heißt es: „Passt euch nicht den Maßstäben dieser Welt an. Lasst euch vielmehr im Innersten von Gott umwandeln. Lasst euch eine neue Gesinnung schenken. Dann könnt ihr erkennen, was Gott von euch will. Ihr wisst dann, was gut und vollkommen ist und was Gott gefällt.“ Bevor das Wort Gottes in Ihrem Leben Realität werden kann, müssen Sie es zunächst kennen. Neigen Sie vielleicht dazu, sich nach den Verheißungen der Schrift auszustrecken, ohne zuvor zu lernen und umzusetzen, was die Bibel sagt?
5. John und Gwenn betonen beide, wie wichtig die Gemeinde – der Leib Christi – für die Veränderung ihres Leben und für die Freude ist. Tauschen Sie sich untereinander über Momente in Ihrem Leben aus, in denen die Gemeinde einen besonderen Einfluss darauf hatte.

Aufgabe: Sprechen Sie mit Freunden – sowohl mit Christen als auch mit Nichtchristen – darüber, wie sie in ihrem Leben Freude finden.

Kapitel 14: Der Weg des Selbstverzichts

Fortsetzung: Diskutieren Sie über die Ergebnisse Ihrer Befragung über die Freude.

1. Auf Seite 168 beschreibt Bill Hybels seinen Entschluss, das blühende Unternehmen seines Vaters zu verlassen und in der Versandabteilung einer christlichen Vereinigung zu arbeiten, wo er Plastikteile in Zellophan verpacken musste. Wann haben Sie zum letzten Mal eine „unlogische“ Entscheidung getroffen, um das Königreich Gottes voranzubringen?
2. Hybels beschreibt seine Arbeit unter Jugendlichen und die überraschende Freude, Gottes Gnade im Übermaß zu erleben. Wann haben Sie zum letzten Mal Gottes Wirken beim Einsatz Ihrer geistlichen Gaben erlebt?

3. Hybels beschreibt die Sünde seiner Arbeitssucht und auch die Freude, die er nach seiner Umkehr zu Gott erlebte. Wann haben Sie zum letzten Mal Gottes Wirken erlebt, obwohl Sie vermeintlich versagt hatten?
4. Auf Seite 174 schreibt Hybels: „In meiner derzeitigen Lebenslage ist der Weg des Selbstverzichts kompliziert geworden. Die Wege, die vor mir liegen, sind größtenteils nicht so beschaffen, dass der Selbstverzicht automatisch erfolgt. Mein Dienst für Gott erfordert nur noch selten den Lebensstil und die finanzielle Situation, die ich zuvor erlebt habe. Nun muss ich bewusste Entscheidungen fällen, um Selbstverzicht zu realisieren." Beschreibt dies auch Ihre Situation? Wie können Sie praktische Entscheidungen – den „Weg nach unten" zu gehen – in den Augenblicken des täglichen Lebens treffen?
5. Auf Seite 175 sagt Hybels zusammenfassend: „Die Frage lautet: Wie gehen wir mit unserer Existenz und mit den Gaben um, die wir erhalten haben – seien es Geld, Autorität, Talent oder Einfluss? Die Antwort auf diese Frage wird durch unser Lebensziel bestimmt. Wessen Plan wollen wir zur Anwendung bringen? Unseren eigenen Plan oder den Plan Gottes?" Wenn Sie ganz aufrichtig sind, wie würden Sie dann auf diese Fragen antworten? Wie können Sie Veränderungen herbeiführen?